THE ART OF INSUBORDINATION

How to Dissent and Defy Effectively

不服從的藝術

有效的心理策略，
使你順利反抗主流，
提出優質異議，
與眾不同

陳佳瑜——譯

目錄

前言

這本書適合你嗎？

本書適合以下類型閱讀者：

相信傳統思維與現況亟需改變的人；

迫切渴望見到公義遍行各地的人；

希望這個社會提供自由、意義、人性、財務保障、社群共感的人；

可以理解不服從的價值的人；

認同「為了進步，勇於打破無用規範的開放思想者」的人——

還有還有，本書適合那些不要太嚴肅、可以大笑一場、痛快幹譙的人，

以及那些覺得改變世界還頗有趣的人。

PART 1

不服從，流動在你的血液中

第一章 為何他能提出異議，而你不能？

不管你在高中課堂上聽了什麼，演化論都不是達爾文第一個想出來的1。或許，他是第一個正式提出「演化論」的人，但他絕非單憑一己之力就從頭創發出這麼一套驚世理論。達爾文在他那本書名有點拗口、但改變了世界的巨著《論天擇後之物種起源》（On the Origin of Species by Means of Natural Selection）裡，序言的部份列出了三十個人名——這三十個學術烈士過去也曾鼓起勇氣，質疑當時知識分子與正統宗教對自然界的看法2。

不過這些烈士卻因為過人的勇氣而付出慘痛的代價。你有聽過阿布·烏斯曼·阿姆·伊本·巴爾·金納尼·巴爾·巴里（Abu Uthman Amr ibn Bahr al-Kinani al-Basri）這個人嗎（一般稱他為賈希茲）？很少吧。穆斯林學者稱賈希茲為「演化論之父」：他在西元八六〇年就提出了「適者生存」的概念，比達爾文早了一千年。他一開始是很好奇，為什麼有些動物從非洲和亞洲進口到現在的伊拉克之後，能夠輕鬆適應新環境，而有些動物卻容易染病死亡[3]。然而，他在生物學上的重大發現卻讓他遭到逮捕並驅逐。但他算幸運了，更倒楣的是贊助賈希茲研究的富豪[4]。當時巴格達穆斯林的統治者用非常中世紀的手段來對付這位富豪：官兵將他逮捕後，關入可怕的「鐵娘子」刑具處死（鐵娘子是一種直立式金屬棺，門上布滿尖刺，只要把門關上就能把塞在裡面的犯人活活刺死）[5]。

你可能以為這麼慘烈的下場應該會迫使其他科學家噤聲，不敢再發表一些奇怪又危險的理論。不過大約七百年後，也就是公元一千五百年代，法國科學家帕里西（Bernard Palissy）質疑天主教會「地球只存在了幾千年」的說法，因為他觀察到風和潮汐需要極長的時間才能對地貌帶來明顯的改變，因此他主張地球存在的時間遠遠超過幾千年（他沒有透露他估算的地球真實年齡）。他還說，幾千年前的大象跟現在的大象肯定不一樣。在他那個年代，物種會自然演變的思想被視為異端邪說，所以帕里西勇敢提出質疑後多次遭逮捕、被鞭打、著作被銷毀。

喔對了，他後來被燒死在火刑柱上。

達爾文在序言中列出的其他人，下場比較沒那麼慘，並沒有處死或驅逐，不過也夠慘了的，他們被斥為異教徒、被官府監視、被家人疏遠、著作屢遭審查、常受肢體暴力，動不動就收到死亡威脅[6]。這一切只因為他們質疑聖經裡的創造論：世界是在六日之內所創造[7]；只因為他們質疑上帝是推動演化的唯一力量、質疑人類是上帝最高階的創造（只比天使微小一點）。你若敢質疑正統思想，你就會被孤立、被視為威脅、被冠上異教徒的大帽子，大多數人都覺得你活該被追殺，覺得你該死。

我以達爾文的前輩們為例，是希望讓各位瞭解：那些提出異議、發起革命、勇敢反抗的人，為了促進這個世界的進步，付出了多大的代價。有時候人類的進步可能起源於某個令人驚喜的意外，但更常見的是**因為有人敢於駁斥社會既定的認知，世界才能持續進步**。過程大概是這樣：有人注意到現有的正統思想有點缺陷，有點遲滯僵化，或甚至可能對社會造成傷害，因此提出新思想[8]，試圖減少既有思想造成的危害，然後多數人之中的某些人願意給新思想一個機會，而不是一根中指叫它滾。「異議」時常能帶來進步，如果你禁止所有人提出異議，你等於拖慢了整個文明進步的速度[9]。

達爾文前輩們的故事讓人不禁去思考一個問題：為什麼達爾文最後能功成名就，而他的前輩勇者卻下場淒涼？的確，達爾文也收過仇恨信件、還被一群十九世紀的匿名酸民冠上異教徒的罵名，但他的想法卻也收穫了一大批粉絲：十九世紀最偉大的科學家們票選他成為皇家學會院士——皇家學會可是歷史最悠久的科學學術組織，該學會還頒發皇家勳章來表揚達爾文對珊瑚形成過程的研究。當時的一般人都很喜歡閱讀達爾文《小獵犬號航行之旅》裡的冒險故事（原書名落落長，叫 Narrative of the Surveying Voyages of His Majesty's Ships Adventure and Beagle, between the Years 1826 and 1836）。在那個還沒有旅遊生活頻道和國家地理頻道的年代，達爾文的旅遊冒險激發了很多讀者的想像，也成為許多民眾茶餘飯後的談資。如果當年有聯名廣告，那麼達爾文的臉大概會出現在運動鞋或牛奶盒子上。所以說，同樣都是挑戰主流思想，為什麼達爾文可以大獲成功，而他之前幾個世紀全球各地的勇者們卻沒有那麼好的境遇[10]？

若想完整回答這個問題，恐怕得從達爾文開始往前回顧每一位歷史上的勇者提出的著作。但我們可以先從社會心理學這個領域裡，提出幾個可能的答案。近年來社會心理學家研究了許多相關主題——情緒、自我調節、創意、說服力、少數群體影響力、政治心理學、群體動力學等等。這些研究結果一再告訴我們「如何有效提出異議，而且獲得成功」的策略[11]。而科學研究也幫助我們瞭解如何使主流意見接受提出異議的人，使我們得以將一些非常重要、但看似危險的言論意見逐漸獲得大眾接受。

有效的異議，可以這樣提出

達爾文雖然沒讀過這些社會心理學研究，但他卻本能採用了某些有效的「不服從策略」[12]。例如，如果異議人士先仔細研究社會大眾有哪些偏見，然後依此調整自己的言行，那就更有可能說服社會大眾接受他們的異議。達爾文很清楚自己主張「生命並非起源於神聖的上帝之手」，在當時是多麼危險的言論——他的祖父伊拉斯謨斯．達爾文（Erasmus Darwin）就因為發表了初步的演化論，遭教廷禁止出版著作。因此，為了不被當成瘋子，年紀輕輕的達爾文決定韜光養晦，草擬出自己的演化論後並不急著發表。兩年、五年、十年過去了，他都按捺不動，整整等了十五年後，才發表了這套讓他聲名大噪的理論。在他發表演化論之前，另一本極具爭議的著作《自然創造史的遺跡》轟動了國際學術界，正因如此，達爾文才感覺到社會大眾已經準備好接受（至少比以前更可能接受）同樣會引起熱議的演化論。「就我來看，」他寫道，「《自然創造史的遺跡》真的幫了大忙，它消除了某些根深蒂固的成見，讓世界更容易接受類似的觀點[13]。」

心理學家也強烈建議胸懷大志的異議人士採用「避免激起大眾反抗心理」的方式[14]，來表達自己的意見。例如達爾文就認真思考過怎麼讓他的理論更有說服力、更容易被接受，所以他的寫作風格非常平民，沒有艱深術語[15]，一般人都可以讀得津津有味，不會只有科學家才看得懂。他也很喜歡用類比的方式讓說明更加生動易懂[16]，維多利亞時代的許多讀者都覺得達爾文對「身上無毛的狗」和「足部有羽毛的鴿子」的描述非常有趣，也因為看了達爾文的書才知道基層的螞蟻奴隸如何與自己侍奉的主子互動、小雞如果天性不怕狗貓會發生什麼事（會很慘）、蜜蜂如何完成偉大的築巢工程。達爾文除了設法讓自己的書讀起來有趣，還常以「我們可以看到」、「我們可以瞭解」、「我們會發現」的句式寫作，提問的時候也用類似的技巧，例如他會問：「我們對以上這些事實該有什麼看法呢？」頻繁出現的「我們」可以加強讀者的參與感，雖然他的書比不上現代的互動式電玩那麼有趣，但對他的時代來說，他的書是非常吸引人的。

研究成功異議人士的學者發現，若你想提出「非正統」想法，那麼神隊友就很重要了[17]。達爾文的神隊友就找得很好。在他出版《物種起源》的前一年，他收到一份來自阿爾弗雷德・羅素・華萊士（Alfred Russel Wallace）的手稿，上面寫的演化論構想跟他的理論很相似。達爾文這下急了，他已經為了等待最佳時機而延後出書，他很怕最後會被華萊士獨佔演化論的功勞。於是他請幾個好友在即將到來的一場公開會議上幫他出聲，展示華萊士的手稿以及另一封有時間戳的信件，以便證實是達爾文先完成演化論。達爾文和華萊士倆人都沒有親自出席那場會議，但達爾文派出的四人小隊——地質學家查爾斯・萊爾（Charles

Lyell）、植物學家喬瑟夫・胡克（Joseph Hooker）和亞薩・格雷（Asa Gray）、生物學家亨利・赫胥黎（Thomas Henry Huxley，此人綽號是「達爾文的鬥牛犬」）——各個為他英勇奮戰，用他們在學術界的信譽為他背書。達爾文的演說能力很糟，但他的神隊友們卻是辯才無礙，不但替他回擊了批評的聲音，也為他贏得學術圈內人和圈外人一片稱譽。

科學證實的有效異議方法

達爾文使用了好幾個不同的策略，才將他的演化論成功推入主流思想，翻轉了現代人對於人類起源的認知。若把達爾文運用的策略，搭配當代社會心理學的研究成果，將可幫助今日的異議份子行動更有效，更有說服力，也更瞭解如何鼓動他人一起支持自己的想法。我敢這麼說，是因為過去十年我自己做過、與別人合作過、以及整合過的許多研究，都是在探討「有新穎思想的人該怎麼勇敢表達與眾不同的想法」。我構想出許多很實用的策略，即使別人覺得你的想法很古怪、很危險或者單純荒謬，你都可以用這些策略勇敢推銷你的想法。

我也曾把這些策略傳授給企業主管、政府情報官員、全球金融領袖，以及其他來自世界各地的重要人士。他們的經驗證實我的策略是有效的，而且很多已發表的研究也都為這些策略提供了科學基礎。無論我們的新思想只是稍微改良主流思想，還是像達爾文演化論那類完全背離舊時思想的新理論，只要我們多付出一點努力，運用適當技巧，就可以協助一般大眾克服他們的反抗心理，使得改變終於成真。

當然，一個足以顛覆既有認知的新思想是否能被眾人接納，並非僅取決於這個思想的價值。我們人類是群體的動物18，時常會犧牲理性思考，只為了鞏固群體關係，也就是說，我們時常展現出非理性的言行和思維，只為了支持自己偏好的政治黨派、運動賽事隊伍、宗教、性別、種族團體、祖國或自己喜歡的音樂流派。部落思維讓我們很容易排擠非主流思想，尤其是當「提出新思想的異議份子」和我們的立場不同時，就更不可能接納新思想。為了要讓這世界出現更多成功的「不服從」，我和學者以研究數據為基礎研擬出一系列策略，這些策略能協助人們在接觸到不熟悉——所以會令人覺得不安——的想法時能更靈活地思考，進而讓社會變得更寬容，促進公民對話，創造出「不服從人士」能敢於發言的環境。而多數人群體的成員也因此能從不一樣的思維中獲益。

有理想、有原則的異議人士（以下簡稱「理想型反抗者」）在我們這個時代扮演了極為重要的角色，著名的例子有馬拉拉（Malala Yousafzai），這個小女孩冒著生命危險爭取巴基斯坦女性的受教權；彼得．諾伊費爾德（Peter Neufeld）和巴瑞．謝克（Barry Scheck）兩位律師在美國平反了三百七十五件冤獄案；還有俄國律師納瓦尼（Alexey Navalny）為了保障俄國公民能自由投票、不受總統普丁干預，已經遭到數次暗殺，所幸總能死裡逃生。他們都大聲疾呼要求改變，就像其他無數個無名維權人士一樣，但也有許多人失敗了，整體社會也沒有以寬容正向的方式回應我們的異議。

二〇二〇年間有張照片在網路上廣為流傳，照片中是一位老太太站舉牌抗議，牌子上寫著「真不敢相信到今天還得為這件爛事出來抗議」。我們很多人看到這句話都能感同身受，不過就算改變來之不易，就算這世界有時讓人看不到希望，我們與眾不同的想法也並非一定會被忽視、被駁斥、被禁止。如果大家能學著用更寬容、正向的方式看待少數人提出的異議，社會就能克服對新事物的恐懼和不信任感，這樣更棒的新思想才有機會取代既有的主流認知，進而打造更高效能的團隊、組織、乃至社會。

達爾文提到的那三十位不幸的前輩勇者，可能會很希望自己當年踏上追求真理的孤獨道路之前，有看過你手上拿著的《不服從的藝術》這本書。我撰寫本書是為了教讀者如何成為具有影響力的異議份子、反抗者、反對墨守成規的人[19]，而且在提出異議之後還能擁有很好的發展；我寫這本書也是為了協助社會上的「多數人」，能培養更寬容開明的心胸——無論我們是否認同少數「不服從人士」的言論，我們都應該給他們一個表現的舞台。

如果你剛好身為不服從人士，請記得無論你的想法多重要、無論你的想法擁有多麼堅強的理論基礎，**不要期待這世界會立刻歡欣鼓舞地接受你的想法**。如果你提出的想法很有可能牴觸大多數人的認知、違背這個世界既有的運作模式，你一定要先想好如何利用一些心理學技巧作為你的裝甲和武器，這些心理學知識可以提供有科學根據的各種策略，幫助你更順利地提倡與眾不同的想法。另一方面，如果你屬於多數人，你一定要培養良好的心態（同時協助他人培養良好心態），以更客觀的態度吸收消化新思想，而不是像大多數人那樣直接拒絕異議。

讓世界更美好的兩種調味料

《不服從的藝術》就像一本食譜，只是這本食譜教的是如何善用那些在生活中或職場上常被忽視的好點子，如何包容甚至是接受異議，如何提出非常重要但可能很難獲得認同的想法，以及如何捍衛這些想法。當你試圖挑戰主流認知，或者試著和挑戰主流認知的人交流的時候，該如何處理衝突。書中的章節會介紹很多超實用的「料理步驟」，教大家如何用「新奇」和「改變」這兩種調味料讓世界變得更進步、更美好。

本書第一篇說明為什麼大多數人會本能地抗拒新思想，以及為何我們的社會非常需要異議人士的存在。第二篇（也是本書的核心）提供許多策略，教你如何順利提出新奇獨特的想法。你將學到如何增加自己的說服力，如何吸引強大的盟友，如何面對抗拒並堅持下去、以及當你的想法成為主流思想後你又該如何待人處事。第三篇會教大家打造一個更寬容的社會，容忍更多挑戰主流認知的思想，進而讓這些新思想創造更多機會。我會告訴各位：如何與離經叛道的不服從人士交流，如何從團隊中的不服從人士身上擷取智慧，以及如果你身為教師或家長，又該如何教養出不服從的下一代。「不服從」很重要，所以我要帶著各位用不太一樣的角度看世界，教各位如何謹慎且有技巧地提出異議，並鼓勵你在他人試圖挑戰你的信念和想法時稍微放下你的戒心。

或許有人會怪我把「不服從」講得太浪漫了[20]，畢竟《劍橋英語大字典》可是把「不服從」定義為「拒絕遵從上位者或任何有權力指示你的人」。也的確有很多人這麼做了，但他們的所作所為有時不僅對社會毫無益處，甚至還造成傷害。而「有理想有原則」的不服從，則是一種試圖造福社會、盡可能避免造成傷害的反抗行為。理想型反抗者會為了提倡重要的想法而開始鼓動風潮，他們會下定決心踏出艱難的第一步，離開舒適的多數人群體，不是為了自己的利益（至少不只是為了自己），而是為了全體人類的福祉。我希望我們之中有更多人能勇於踏出這一步，也希望我們的社會能高抬貴手，不要懲罰踏出這一步的人。

「不服從」的定義

並非所有的「不服從」都是一樣的。本書不討論「錯誤」的反抗類型，例如因為衝動、剛愎自用、只想成為注目焦點等。這類不服從的行為不值得推崇。我想提倡的不服從行為必須有道德標準、正直無私。因此我將致力於貢獻社會的「不服從」稱之為「理想型不服從」，我們可以用以下這個公式來理解：

$$\text{理想型不服從}=\frac{\text{異常行為}\times(\text{真誠}+\text{貢獻})}{\text{社會壓力}}$$

就算你不喜歡數學也別擔心，我現在就來跟

你說明這個公式。異常行為是關鍵元素，因此我以它作為乘數。

切記，我們現在探討的異常行為，是一種經過審慎思考之後展現出來的異常行為。反抗者不會因為無知、衝動、受人脅迫或單純的機緣巧合而成功；如果你完全無視社會既有的規範，率性決定要離經叛道（這叫無知），或是被迫為反對而反對（受人脅迫），或只是抵抗不了誘惑而反抗（出於衝動或缺乏自制力），或是說話做事前沒經大腦而顯得特立獨行，那麼這種不服從就完全沒什麼值得推崇之處。

如果你是有意選擇反抗，那你的動機就很關鍵。「真誠」會出現在上述公式裡，是因為理想型的反抗者心中都有堅定的信念，而非膚淺的個人喜好。理想型反抗者的行為皆發自內心，不是為了迎合他人，也不是為了模仿他人。他們雖然特立獨行，甚至離經叛道，卻是神態從容且充滿力量。請記得觀眾的眼睛是雪亮的，你的不服從若非出自真心，可能馬上被人看穿；如果你想要對抗權威思想和主流認知，你的反抗一定要出自內心深處堅定的信念，才有可能獲得勝利。

此外，我也把「貢獻」放入了這個公式裡，意味著理想型反抗者一定是為了要創造某種社會利益，這也是一種為了展現善良與關懷而出現的反抗行為。理想型反抗者之所以反抗，並非因為驕傲自負（自以為不受到社會規範的拘束），也不是因為心懷怨恨（厭惡主流思想或掌權者），更不是為了謀取私利（例如藉由犯罪獲取金錢）。理想型反抗者質疑權威的目的是希望能對社會有所貢獻，這種奉獻的精神，正是讓理想型不服從有別於其他的反抗行為，例如憤世嫉俗、自私自利。理想型反抗者的最終目標是貢獻社會，所以理想型反抗者會審慎評估挑戰社會主流思想可能帶來的負面影響。

想對社會做出貢獻的同時，也一定要懂得尊重包容反對的聲音。白人至上主義者或殺警兇手也都以為自己的不服從能讓世界更美好，但他們的想法過於狹隘又充滿仇恨，歷史已經證明這種人對社會一點好處也沒有。你可能碰過許多政治立場不同或信奉不同宗教的人，這些人心中都有堅定不移的信念，或許他們的出發點是好的，但如果他們的思想過於狹隘，無法容忍一丁點不同的聲音，那麼在我看來他們仍不算是理想型反抗者。

最後，我們也別忘了這個等式裡的分母——社會壓力。欠缺風險的不服從就不叫不服從了，你是否真的屬於理想型反抗者這一掛，就看當整個世界站在你的對立面時，你是否依舊堅持自己的理想和抱負。不服從的第一步，就是離開群體，捨棄安全和舒適。如果你想成為理想型反抗者，想想達爾文的故事，千萬別低估把你的新思想公諸於世可能帶來的風險。一旦世界見識到你與眾不同的思想，你的想法就會開始遭人曲解、批評、謾罵甚至仇視，這是理想型反抗者必須承受的苦果。

我還進一步希望社會能鼓勵並獎賞這些理想型反抗者，就像我母親和祖母一直都是這樣鼓勵我的。還記得我十二歲的時候，我問我的猶太教導師：為什麼猶太人可以吃蝦子，卻不能吃鮪魚？上帝真的閒到這麼有空來管我們要吃什麼或不吃什麼嗎？（事實上，猶太人不能吃蝦子但可以吃鮪魚。我故意講反，就是要凸顯無論是哪種食物潔淨或不潔淨，這些戒律都很扯）我這個問題雖然聽起來很嗆，但也十分合理，不過那位博學多聞的猶太導師卻連想都不想就直接拒絕回答。那天回家的路上，我母親跟我說：「你一定要繼續質疑這些規則，直到你得到滿意的答覆為止。」

隔年我母親就過世了，但後來照顧我的祖母也很鼓勵我質疑各種既定的認知或規則。身為第一批在華爾街工作的女性，她發現雖然上位者講話常常頭頭是道，但我們還是要從他們的行為，而非言語，來判斷他們是什麼樣的人。她說，人在當權者面前很容易乖乖聽話，我們應該讚賞那些在團隊、組織或各種社會群體中敢於質疑當權者的勇士，而我們自己也要努力成為這樣的勇士。

我寫這本書是為了向我的母親和祖母致敬，也為了鼓勵那些聲音值得被聽到、但卻苦苦掙扎甚至已經打算放棄的反抗者。在我看來，如果勇於不服從的人越來越少，那不只會使文明停止進步，甚至可能對我們的心智造成負面影響。想想看，如果每個人都乖乖按照社會既定的劇本扮演自己的角色，沒人願意成為理想型反抗者，人生會失去多少趣味和勵志故事啊！這個世界也會變得更危險、更不公不義。大家的生活不只會變得更單調無聊，也會錯失很多幽默笑料。

如果你有與眾不同的絕妙想法，或者你因為挑戰既有規則而受到排擠，我強烈建議你大聲把想法說出來、讓所有人都聽到你的聲音。不要等待，不要尋求當權者的同意，現在就勇敢表達你的想法，為社會帶來影響，帶給大家不一樣的知識和啟發。請勇敢改變這個世界，同時也要懂得傾聽其他同樣試圖改變世界的人的聲音。但拜託拜託，效仿達爾文，用聰明的方法讓世界見識到你的不服從，接受你的異議。

不服從的成功要訣

1. **小心謹慎，拿出紀律**。像達爾文這類著名的反抗者，都是運用特殊策略才成功讓主流大眾接受他們的新思想。只要謹慎選擇合適策略，你也可以做到。

2. **瞭解「輕率不負責任」和「理想型不服從」的差異**。如果你現在的反抗行為是為了造福社會、是出自內心某個堅定的信念，那你就算是理想型反抗者。

3. **不要看輕「反抗者」**。理想型反抗者是社會進步的重要推力，他們也能讓你和你身邊的人過上更富足、有趣且充實的生活。

第二章 以服從之名 我們犧牲了什麼

人的天性就是討好

任何一個會打籃球的小孩都知道，罰球有兩種方法，一種很簡單，一種沒那麼簡單。簡單的是「蹲馬桶罰球法」：站在罰球線，雙腳打開開，雙手拿著球在雙腿之間前後晃啊晃，接著順勢把球拋向籃框。這種姿勢很醜，但進球真的超容易！名列NBA史上最偉大籃球員及名人堂成員的瑞克・貝瑞（Rick Barry）用這種蹲馬桶罰球，在他十年NBA職涯中罰球命中率高達不可思議的百分之九十。他在最後兩個賽季總共投了三百二十二個罰球1，只有十九球未投進，命中率高達令人難以置信的百分之九十四點一！相較之下，現在的最強球員、人稱籃球小皇帝詹姆士（簡稱詹皇），不是用這種方法來投罰球，他光是在某個賽季就有一百三十二個罰球沒進[2]，命中率僅有百分之七十三點一。

詹皇是用另一種比較難的方法投罰球（而且根據多位運動科學家的說法[3]，這種方法也比較難投進），也就是「過頂投籃」：雙手持球至眼睛高度，一隻手撐在球的底部，另一隻手在上方穩住球；瞄準籃框後，支撐球的那隻手用力翻動手腕，給球一個力道飛向籃框。這種方法也是雙手並用，可是兩隻手承受的球重完全不同，各自要做的事也不一樣。你主要靠支撐球的那隻手給予球往前飛的力道，上方那隻手只是賦予方向而已。如果要投出最佳軌跡，你的手腕快速把球推出、球輕輕離開你的手指時，球必須以向上四十五度到五十二度的拋物線飛出。然而，如果球拋出去的時候自體旋轉的方向是向後旋轉，那它碰到籃框時速度和力道都會明顯減弱，如此一來這顆球可能最後只會打到籃板、反彈後落下。

我想各位已經可以想像兩種投球方式的畫面了。把兩種罰球投法的步驟分解開來看，就像是在看一場結果不容置疑的物理實驗，所以不意外，許多傑出球員用過頂投籃的方式投罰球依舊很難投進。同樣位列NBA名人堂的張伯倫（Wilt

Chamberlain）在整個籃球職涯中罰球命中率只有百分之五十一點一，另一位名人堂成員俠客歐尼爾（Shaquille O'Neal）也只有百分之五十二點七[4]。

既然瑞克．貝瑞的蹲馬桶罰球法簡單又命中率很高，你可能以為肯定會有一大堆職業球員和大學球員都想採用，尤其那些練過無數次罰球，命中率仍然欠佳的球員應該更會搶著練習蹲馬桶。但你錯了。整整三十五年，沒有任何一個NBA球隊向瑞克．貝瑞請教他的罰球方法；全國大學球隊裡也只有兩名球員會用這種簡單的方式投罰球，其中一個還是瑞克．貝瑞的兒子。整個籃球界都覺得這種拋大石投法很娘，球員拉不下臉用這種方法投球。前NBA球員俠客歐尼爾明明罰球命中率超低，但他居然公開表示自己「寧可一球都罰不進[5]，也不用這種阿嬤罰球法，實在丟不起這個臉」。另一位同樣罰球命中率超低的球員安德烈．卓蒙德（Andre Drummond）堅持拒絕阿嬤投球法[6]，他說：「我鄭重聲明，我絕對不會用這種投法。」

這時我們就要好好稱讚一下張伯倫了。一九六二年的某個賽季（他進入職籃大約十年後），他鼓起勇氣嘗試蹲馬桶罰球法，而且效果奇佳。該賽季他每場比賽平均拿到五十點四分[7]，而且罰球命中率從慘不忍睹的百分之三十八提升至不算太高但也算不錯的百分之六十一。在一場精彩賽事中，他甚至拿下驚人的一百分[8]，三十二個罰球裡投進廿八個[9]。然而，他後來卻沒有堅持使用這種簡單有效的投法，又繼續以過頂投籃投罰球，於是命中率再度下滑。

他為什麼要回去用比較不容易命中的投法呢？他在自傳中解釋說[10]：「因為我覺得用蹲馬桶投法看起來很蠢。我知道我這樣想是不對的，我知道歷史上有些罰球神人就是這樣投，現在NBA罰球最強的瑞克·貝瑞也是這樣投，但我就是做不到。」

仔細想想，球團支付職業球員嚇死人的高薪，不就是要他們在比賽中盡量得分、力求獲勝嗎？但張伯倫卻寧可犧牲得分機會、寧可辜負隊友的努力和粉絲的期待，只因為不想「看起來很蠢」。其實不只他這麼做，無數職籃球員和大學籃球員一直以來也都如此。NBA球員的罰球命中率平均大約百分之七十五，大專院校球員大約百分之六十九，雖然這樣的命中率也不錯，但跟瑞克·貝瑞根本沒得比，而且幾十年來這個平均值一直沒有增長[11]。雖然這些職業球員或大學球員可能都是籃球奇才，但他們卻沒有膽量挑戰現狀，無法成為理想型反抗者，無法藉由一個簡單的改變來提升自己的表現。

我們不用苛責這些球員，勇敢反抗現況、挑戰主流思想的人本來就很少，像是前南非總統曼德拉（Nelson Mandela）、女權運動家蘇珊・安東尼（Susan B. Anthony）、美國廢奴運動家哈莉特・塔布曼（Harriet Tubman），天才博學家達文西（Leonardo da Vinci）、現代舞之母瑪莎・葛蘭姆（Martha Graham）和耶穌。我們之所以知道這些人的大名，不只因為他們的驚人成就，更因為他們是那個時代少數敢於挑戰傳統思維、追求進步的勇士。

近幾十年來，社會心理學家和其他領域的學者已發現我們一般人「從眾」和「遵從主流」的傾向極為強烈[12]。學者們研究了某些特定情緒，它們會導致我們為了被他人喜歡，甘願做出愚昧甚至自毀的行為。在我們探討如何成功挑戰

重點思維

為了讓反抗之途能夠順利，我們一定要先瞭解我們的敵人—人類天生想要順應外界、跟隨群體、接受常規、明哲保身的習性。

主流思想之前，應該要先瞭解：為什麼鼓起勇氣挑戰現狀[13]，竟是如此困難，以及為什麼在說服他人一起質疑過時的、不良的傳統之前，要先走一段漫長又艱辛的路。

我們以前都是這樣做的

「以前都是這樣的」這個敵人無所不在，早已滲透人群，超越你的想像，甚至有可能深深影響你以為永遠不可能受其所害的人——也就是你自己。你可能認為別人才會像旅鼠一樣盲目跟從前面同伴跳崖，你才不會這麼傻，你認得幾個字，你會質疑、會批判、會分析、敢反抗、敢冒險，你覺得你的思維和他人不同。

我以前也是這麼想，直到我看到學者史考特．艾德曼（Scott Eidelman）和克里斯．克蘭道（Chris Crandall）的研究，主題是人如何判定某個想法或作法的價值[14]。研究人員分別跟四組受試者說，針灸已經存在兩百五十年[15]、五百年、一千年、兩千年，聽見針灸歷史越悠久的組別，就越傾向相信針灸「是很棒的療法，應該用來幫助病人減輕痛苦、恢復健康」。受試者覺得自己很理性地分析針灸的好處，但事實上他們只是根據針灸存在多久、是否廣為人知來判斷。在根本不知道針灸是否有療效的情況下，只要受試者被告知針灸是從古代流傳至今的療法，他們對針灸的認同感就會增加百分之十八。由此可見，即使我們以為自己很擅長批判性思考，但還是會不自覺地偏好有悠久歷史的現存事物。

在另一項調查裡，研究人員安排兩組受試者，針對同一幅畫，告訴其中一組該畫是一百年前繪製的[16]，另一組受試者則聽見該幅畫是五年前繪製的。結果以為那幅畫具有百年歷史的受試者傾向認為該畫更美、更有價值。還有另一項調查顯示，如果你告訴美國人，在中東地區以暴力手段審訊恐怖分子嫌疑人的作法已經行之有年[17]，並非最近才開始實施，那麼美國人就更有可能支持這樣的作法。而且無論受試者的政治立場如何，調查結果都一樣。

若我們把某個不愉快的情況在心理上視為一種「現實」，我們就會努力合理化那個情況。例如從某個總統候選人贏得大選到他就職典禮期間，選民的心情變化。加拿大英屬哥倫比亞大學的克里絲汀・洛琳博士（Dr. Kristin Laurin）在她傑出的研究中發現：就算不喜歡新總統，很多沒有投票給新總統的人在就職典禮前也逐漸對新總統產生好感[18]。而且這種「心理現實」的影響範圍很大，不是只有選舉而已。當你意識到某件事情即將成為你生活中難以改變的現實，你就會開始把這件事合理化。若我們心裡接受某件事已難以改變，也不可避免，我們就停止反抗，而是進入接受現實的三個步驟：遵從、合理化、認可。

為什麼大多數人不敢革命

或許有人會認為，上面提到的針灸、繪畫、酷刑等例子，與一般人日常生活

重點思維

人會盲目認定現有的制度比較好，所以下次你想要說服別人某個想法或方法很棒的時候，可以跟他們說這個想法或方法已經有很長的歷史了。

無關，所以受試者才會不經大腦思考，就直接喜歡已有悠久歷史的選項。但事實上，我們服從現狀的習性已經強大到使**我們甚至會把直接影響我們、壓迫我們的制度加以合理化**。二〇一五年，總統候選人川普公開鄙視墨西哥移民[19]，他說：「墨西哥過來的都不是什麼好東西，亂七八糟的人一直過來……這些人帶來毒品、犯罪，他們都是強暴犯。」你可能會以為，西語裔美國人聽到川普這種言論會非常反感（因為百分之七十六西語裔美國人來自墨西哥[20]），但其實不然：竟有四分之一西語裔美國人認同川普的說法。

有一份調查隨機抽選了六千六百多名美國成年人做問卷，發現有百分之三十三的黑人表示「不會覺得司法制度對黑人比較不友善[21]」。司法制度本來就該對人一視同仁，但美國刑事司法系統長期歧視黑人已經是不爭的事實，甚至可說已是制度化的歧視了。美國司法部公布的一份四十年無政黨立場數據顯示，成年黑人入獄的機率是白人的六倍[22]。雖然黑人只佔美國人口百分之十三，在州郡和聯邦監獄的囚犯卻有百分之三十三是黑人。然而在二〇〇一年，有百分之四十一受訪的黑人表示他們不覺得自己受到和白人不一樣的待遇[23]，還有人表示白人才是遭到不公平對待的受害者。之後所做的類似調查都得到了相似結果[24]。

讀到這裡，如果你忍不住想要鄙視那些自甘被壓迫的黑人和西裔人士，先別衝動，先好好瞭解我接下來要解說的心理偏誤[25]：**如果現有體制讓我們還能有薪水，能過正常生活，那麼就算制度會傷害我們，我們都還是會支持**。這種習性非常奇怪，打從心理學這門科學創始之初，學者就不斷研究人為何這麼賤。紐約大學約斯特教授（John Jost）和哈佛大學的班納吉教授（Mahzarin Banaji）是相關研究的翹楚，他們提出了「制度正當化」理論[26]：當人身處於某個不公不義的制度中，此時人的內心就會產生強烈矛盾，然後下一步就是盡力合理化外在制度，還會護航這個傷害自己的制度。跟在制度裡享有特權的優勢族群比起來，弱勢族群捍衛現有制度的力道，完全不會輸——有時被制度欺負的人甚至比在制度內享有特權的人，會更用力捍衛制度。

英國諾丁漢大學的歐瓦瑪蘭（Chuma Owuamalam）博士解釋道：反抗整個制度，是非常艱鉅的任務，大多數制度內的弱勢族群通常不會願意跨出這麼大一步。「如果不反抗，另一條路就是接受，」歐瓦瑪朗姆寫道：「在大多數情況下，對抗現存體制很可能是不切實際的作法，因為反抗制度有可能引發革命和混亂，引爆更多的不確定因子和更嚴重的威脅。相較之下，設法處理自己內心的矛盾就簡單多了。因此，重視群體認同和群體利益的人不到萬不得已是不會揭竿起義對抗制度的[27]。」很多墨西哥裔美國人雖然也是川普歧視言論的受害者，但他們想要相信在美國的家園能讓他們平安度日、生活有保障、有尊嚴，他們在美國有家人、有朋友、有工作，為了反抗歧視而離開美國對他們來說絕不是個簡單且實際的選項。社會上的少數弱勢因為非常依賴現存制度提供生活所需，因此他們樂於尊重現狀，甚至能接受壓迫他們、欺負他們的各種規範和常態。

近年來心理學家做了大量的研究，結果皆證實了「制度正當化」理論的看法，也使得我們更瞭解：為何人願意認同、支持、護航不公不義的制度[28]。原來，有許多理性和非理性的因素造成我們對所謂的「標準」或「過去都是這樣做

重點思維

人會盲目認定現有的制度比較好，所以下次你想要說服別人某個想法或方法很棒的時候，可以跟他們說這個想法或方法已經有很長的歷史了。

的」深信不疑，就算已經出現了更好的想法或作法，我們還是死命守著現況。不過正如我們在追求其他目標時一樣，我們對於不合理制度的護航決心，也會因為一些心理面的影響而增強或減弱。為了簡便起見，以下我就從學術文獻中整理出幾個「導致我們選擇順從的關鍵心理機制」。

> **重點思維**
>
> 有四大心理因素讓我們心甘情願跟隨主流、維持現狀。

1. 熟悉的現狀令人安心

我們都很想要相信，我們可以主導自己的生活，有權決定哪些事情可以發生。然而颶風、恐怖攻擊事件和各種災害，都會讓我們對這個原本安穩、可預測的世界失去了信心。其實在我們的日常生活裡，已經有太多事情非我們能掌控了，例如在一架擁擠的班機上，你身邊的乘客正吃著氣味濃厚的生洋蔥花生醬三明治，接著他開始狂咳，這時你能怎辦？還有天然災害、馬路三寶、隔壁惡鄰、自己不堪的黑歷史等等，都不是你能改變或掌控的。

既然有這麼多事情無法掌控，所以我們面對生活中比較熟悉的事物時，往往會比較安心[29]，熟悉的事物能讓我們感到安全、穩定。因此，我們很少會去反抗既有制度和組織（像是政府、宗教、企業），即使受到欺壓也很少反抗。在一項研究裡，研究人員讓兩組受試者心裡暫時產生無力感[30]：一組受試者的任務是回想自己過去某個無法掌控的事件，另一組受試者則想像未來會有哪個他們覺得難以掌控的事件。接著研究人員開始評測兩組受試者面對現存社會制度時，比較會採取捍衛護航的立場，還是比較會認為現存的社會制度有缺陷，需要全面整頓。結果顯示，個人無力感越強烈的受試者，反而更願意支持既存的社會制度及其成果，捍衛現況的意願提高了百分之二十。

我們雖然追求合情合理的制度環境，但就算受了委屈通常也勉強吞下，不願面對不確定性冒險反抗。當我們感到無能為力的時候，我們不但會忠心擁戴那些高喊法律與秩序的領袖，我們還會跟其他現狀支持者站在一起，合力反打那些抨擊現況的人[31]。我們會努力說服自己，這個世界的運作模式是對的，我們不必打倒獨裁，不必挑戰現狀。

2. 制度有問題的話，面臨可能動搖現有體制的威脅時，我們會同仇敵愾

二〇〇一年九月十日，九一一恐怖攻擊事件的前一天，小布希總統的支持率為百分之五十一，不滿意度是百分之三十八。兩週後，他的支持率衝上百分之九十[32]——這是蓋洛普公司從一九三〇年代開始做民意調查以來，最高的總統支持率。接下來整整兩年小布希的支持率一直居高不下[33]，兩年後才逐漸跌回先前的水平。這段期間，不只保守派選民更加支持他們的保守派總統，連自由派選民都贊同與他們的價值觀相反的各項政策。

如果發生了某件「足以危害我們賴以生存的群體」的大事，往往會激起我們捍衛群體的反應。我們的初衷是想保護我們在乎的事物，尤其當危險來自外部，我們就會更努力守護群體原有的樣子。少有其他因素能比「共同的敵人」更有助

於群體團結[34]，一旦出現外來威脅，我們會同仇敵愾，會支持現有制度背後的當權者。團結一心守護遭受威脅的制度，感覺起來是很正當的事，就算我們心裡有些矛盾，就算我們的制度的確有值得批評之處，但現在不是說這個的時候。我們就是要信心滿滿地捍衛現況，所以親愛的，你要嘛就加入要嘛就滾去他國。

當權者和政府組織為了維繫自己政權，常會刻意利用這種有力的機制發動認知作戰[35]。當權者知道，只要激起人民的愛國情操，人民就很容易忘記此刻他們努力捍衛的制度，其實就是長期剝削和傷害他們的制度。人類傾向維持現狀[36]，最主要的原因就是「出現了危害現存體制的危機」以及「在這種危機之下我們對體制的認同」這兩者，甚至不惜去支持那個壓迫我們的體制和組織。

3. 我們對於現狀，是高度依存的

如果你被關過，就會知道在監獄裡生存最好的方法就是投靠某個派系。如果你能站在那群滿身刺青的壯漢旁邊，其他可怕的獄友就知道你屬於那一幫的。你在有人罩的情況下不只能大搖大擺走進飯廳，戶外放風時也不怕，晚上還能安心躺在床上，沒人敢動你。投靠某個派系之後，你等於是依靠這個群體活著，所以你八成也不敢對這個派系的內規、階級、領導班子有什麼意見[37]。這個派系能保你性命、保你平安，縱使派系裡有些成員動不動就揍你，但這樣也比被人殺掉或小菊花被摧殘要好太多了。此時你已經不是一個「人」，而是一名「成員」。

上述這種監獄裡的魔鬼交易，跟我們平常生活中面對現存體制和階級之下所做出的各種妥協，其實沒有太大區別。我們會支持現狀，是因為我們所屬的群體至少能滿足我們的基本需求，讓我們覺得被理解、被接受、有空間可以發揮。我們只要屬於某個群體，很多事情就不必自己花腦筋去想了：只要知道群體裡高層人士喜歡什麼，跟著喜歡就好了：穿什麼、聽什麼音樂、信仰什麼、要支持哪個候選人等等。這種歸屬感使我們很安心，因為我們知道群體內的其他成員會挺我們，不會去挺外人。

甚至有研究發現，人為了與「有力的權威人士」產生連結，甚至甘願犧牲自己的物質享受[38]。經濟能力低落、教育程度低落、居住在高犯罪率地區的人，如果高度認同國家與掌權高層，那他們還是會把票投給違背自己利益的那一方，會挺身反對財富重分配的政策，因為他們已經把這個國家當成個人身分的延伸，因此甘願放棄自身利益，只因為他們與國家之間的依存關係至少可以滿足某些需求——安全感、歸屬感、被保護、一種穩定的「意義感」。這種情況下，你會努力說服自己說，這是「咱自己的國家」，遠遠好過那些你覺得很糟的國家。就算國家裡有人貪腐，你也會自圓其說這只是少數人，而且國家依舊在運作，一切都很完美。所以很多人即使心裡不滿，但臉上還是掛著開朗的傻笑——還有比這個更貼切的描述嗎？

研究人員發現：當人對於體制的依存度越高，順從度就越高39。例如，華人在馬來西亞是少數族裔，常被馬國政府欺負。華人數量雖少，但通常很有錢，所以馬國政府規定華人不可領取大學獎學金。政府甚至限制華人上大學的機會，每年馬國大學只釋出少量名額給華人。而且許多購屋貸款、創業貸款只限馬來裔申請，華人還是沒份；如果你是華人卻很幸運地在馬國申請到貸款，不用高興太早，你要支付的利息可能是最高的。

說到這裡，你會以為華人少數族裔肯定超不爽馬國政府，但事實並非如此。在一份研究裡，歐瓦瑪朗姆博士訪問了許多在馬來西亞的成年華人，請他們陳述政府帶頭的歧視華人政策，結果卻發現這些華人居然力挺當前馬國政府。為什麼會這樣呢？雖然華人遭受不平等待遇，但他們仰賴政府提供運輸交通、醫療等日常生存的事項。說實在，要捍衛一個一直虐待你的制度真的不容易。比起研究中被要求寫出政府優惠政策的馬來人，研究中的華人大概得承受極高強度的認知矛盾。雖然華人在馬國被欺負到心很累，但他們依舊非常支持馬國政府。

然而，這並不代表受壓迫的人喜歡身處於壓迫他們的體制內。他們當然不喜歡。就像女性也很難接受明明都已經二十一世紀了，職場上還盛行厭女文化，高階領導幾乎都是男性，使得男性要升遷時佔有優勢。然而，即使這些不平等待遇很糟糕，但比起大多國家，在美國的女性比起很多國家，還是擁有更多自主權、工作機會和安全保障。人通常會想辦法適應現狀，而不是鼓起勇氣創造自己喜歡的現狀，因為萬一失敗只會使自己的生活更難過。

當人被迫在某個社會體制中生存，最後往往會肯定並支持該體制，努力讚揚這個體制有多好，盡量無視這個體制帶來的痛苦。在一份加拿大的研究中，受試者被告知加拿大政府即將緊縮移民政策[40]，所以這些受試者以後都不准出國了。若人已經相信自己無從逃脫制度，此時態度就會出現轉變，例如加拿大社會的性別歧視議題，他們會相信性別歧視不是制度問題，而是源自男女天生的生理差異，這是沒辦法的事情啊！所以當受試者接受「未來不准出國」這個事實之後，他們也很快地從批評政府，轉變成用力替這個不公平的新政策護航。另一項實驗也產生類似結果：有一群大學生被告知「未來禁止轉學」[41]。當這些學生獲悉自己必須在同一間大學念到畢業，他們就比較沒有興趣或意願參與學生團體，向校方提出改善校園的建議或批評；而那些認為自己有權想轉學就轉學的學生，則有較高的意願參與學生組織。

就連「限制人民移動的權利」這麼強烈的手段，尚且無法促使人們更理性地去針對壓迫自己的政府或制度提出更嚴厲的批判。事實上，一般人反而很容易替位高權重者、替那些該負責的人找理由。更糟糕的是，越不肯承認現狀有問題的人，會越討厭那些挺身而出、批評制度的反抗者。當我們認為現有的社會階級存在問題卻難以改變，而我們又恰好處於最沒有權力和影響力的底層，此時我們就會展現出「現狀偏誤（status quo bias）」，意思是我們會很詭異地想安於現狀，會支持讓社會繼續不平等的政策42。我們在面對重大議題時，經常會有現狀偏誤：經濟地位較差的人卻仍安於現狀。我們面對較小的問題一樣會有現狀偏誤：例如我們明明覺得某個朋友很差勁，或自己的另一半很渣，但卻很難下定決心斬斷關係。

4. 我們憧憬著明天會更好

希望是一股極為強大的力量。一個保守派的大學生即使在班上不斷遭到歧視，下學期還是有可能繼續註冊，只要他看到一點點進步的跡象——例如校內創設了保守派的社團，或校刊聲明「本報公平報導自由派和保守派觀點」。派駐海外的低階士兵即使認為上級的命令違背道德倫理，但若他們相信眼前這種不合理的情況終有一天會結束，那他們就願意壓抑自己的良知，服從聽從上級指示。也就是說，如果我們相信某個糟糕的情況只是暫時的、現存制度的缺點會改善，那我們就願意繼續忍耐這個爛制度。

事實上，如果我們心裡還懷抱著希望[43]，那我們不只會「忍耐」當前制度而已，我們還會進一步接受它、捍衛它、保護它、替它找理由。歐瓦瑪朗姆博士的研究就探討了若某個國家在最近十五年內逐漸出現性別平等的跡象，那麼這個國家可能會出現什麼現象。研究發現，當女性的社會地位逐漸提高[44]，例如擁有更多的決策權或在企業董事會佔據更多席位，女性會更支持現有體制，並認為性別不會決定妳是否能獲得機會和成功。因為這些現代女性覺得自己的社會地位有望提升，因此會支持目前違背女性權益的思想、政策和政客。很多實驗也都產生類似的結果[45]，例如當某大學的學生聽到自己學校的聲望因為某事一落千丈，他們不但不會轉學或發文批評學校，反而會高度信任學校，喜愛學校——只要學生相信學校終有一天能挽回名譽，他們的學位終有一天還是會有價值的。

仔細想想，因為對未來抱著美好，因此擁護現狀體制，這樣好像蠻有道理的。面對不公不義的制度，依舊懷抱希望、捍衛體制的人，真的很有「恆毅力」

46。而恆毅力的高低是一種極佳的指標，可以用來準確預測未來的學業成就、能否賺大錢、能否爬上高位（預測的效果甚至比智力、好奇心等因素還要佳）。但我們在此先不要對自己含悲忍辱、委屈求全的能力太過自豪。

請看看以下七個句子，哪一個（或哪一些）非常符合你的狀況？

1. 我一直相信我能把人生過成我想要的樣子。
2. 我一旦下定決心做某事，不完成誓不罷休。
3. 若事情沒有照著我預期的方向進行，只會使我更加努力。
4. 雖然有時不容易，但我都會想辦法把我需要完成的事情做完。
5. 在過去，就算遇到重重困難，我也從未忘記自己的目標。
6. 我不會讓個人情緒影響工作。
7. 努力勤奮真的讓我成為人生勝利組。

如果上面有很多敘述都符合你的情況，那恭喜你，你真的很有「恆毅力」

47。但進一步觀察就可知，這些句子呈現的其實不是恆毅力，而是「約翰亨利主義（John Henryism）」，這一詞是杜克大學教授謝爾曼．詹姆斯（Sherman James）博士創造出來的，意指少數族群會傾向過度努力48，短期間內看似成功了，卻造成長期的健康損害。美國民間故事裡的「約翰．亨利」是個大力士，有一天他跟蒸汽鑿岩機比賽看誰厲害，可以先打穿岩石興建火車隧道。結果他贏了機器，自己卻疲憊而死。約翰．亨利有超人的意志，用旺盛的生命力勇敢克服生理和心理的障礙。然而，他的故事也有重要寓意——在一個不合理的制度下，人為了獲得成功以及社會認同而拼出了全力，最後可能會付出慘痛代價。

科學家曾經長期追蹤三千一百二十六位二十幾歲的年輕人49，結果發現擁有超強毅力的年輕人後來健康都出了狀況，就像約翰．亨利一樣，他們不只血壓較高，也更容易罹患心血管疾病。二十五年後，這些人的健康還是很不好：思考速度較慢，記憶力較差，執行功能較低下（缺乏專注力、規劃能力、思考也比較不靈活）。咬牙撐過各種磨難對身心造成的傷害，尤其容易出現在弱勢族群身上，社會總是告訴弱勢的人要加倍努力，未來才會獲得豐富的報酬。當然，對未來抱持著希望總是有好處的，但也別忘了：如果我們一味相信所有的不公不義都會自己消失，一切都會變得美好，那麼我們就可能會付出巨大的代價。

敞開心扉，接受改變

大家可能會覺得很奇怪，這本書不是在提倡「不服從」的精神嗎，怎麼一直在討論受壓迫的弱勢者是自己心甘情願去服從不義的體制？難道是那些弱勢者很笨嗎？不是，我只是在描述一種真實存在的心理現象。如果你身為弱勢族群，時常擔驚受怕，這時你去護航欺壓你的社會制度其實是很合理的。當你覺得威脅步步進逼，當你覺得自己無法離開所屬的群體，當你相信按照現況繼續發展下去未來會更好，那麼你就很難接受改變[50]，也很難接受充滿更多不確定的未來。正如我們所見，在動盪不安的時期，我們所有人都會傾向支持既有思想或規範。

提出異於主流的想法，脫離傳統思維——這些真的極其困難。隨波逐流反而可以讓你暫時喘一口氣，免於被拒絕、被出征。如果你現在正因為體制不公而受苦受難，你會覺想要算了，別管了。可是死守著有問題的體制，終究還是行不通的，這樣長期下來會使你身心受損，會使得改變無法成真。

因此我們都要覺察到「人天生就有適應環境、安於現狀的習性」，我們必須時時提醒自己敞開心扉，迎接改變。或許有些人已經找到奮鬥的目標，而且這個目標需要你們成為反抗者，成為脫離主流的「叛徒」，而這本書就是要提供勇者朋友們一些實用的步驟和方法。當然，我寫這本書同樣是為了其他比較不敢反抗、卻仍希望改善現狀的朋友。接下來的章節裡會看到，其實反抗者只要做出某些小小的改變，就可以號召更多人站到他們身邊；而我們也可以運用某些策略，讓自己也能從這些反抗者和他們勇敢的行為中得到最大益處。不過在探討這些改變和策略之前，我們得先正視自己為了被喜歡會做出哪些奇怪的事情，以及這些行為背後的關鍵心理因素。接下來的章節我們要先探討為什麼「理

重點思維

遵從已被大家接受且長期實行的作法和想法，這是人的天性。但是我們必須先瞭解人類有此天性，然後才能克服它。才能去接受改變、支持進步。

想型不服從者」對這個世界那麼重要，為什麼脫離主流才是值得被讚爆的事。

不服從的成功要訣

1. **清楚指出「放任容忍」的後果**。下次你想說服某人接受某個想法或作法時，請跟他們說清楚，如果不早點處理眼前的問題，則目前已經很糟糕的情況只會變得更糟糕。

2. **瞭解促使人安於現狀的四大因素**。唯有瞭解是什麼心理機制造成人傾向安於現狀，接著你才有機會對抗「強迫你順從現狀」的壓力。讓人甘願順服、合理化腐敗體制的四大因素為：太多事情非個人能掌控、出現對整個體制造成威脅的共同敵人、生活許多層面仍須依賴現有制度、認為現有制度仍可帶來美好的未來。

3. **承認「現狀偏誤」的存在**。人天生就容易遵從被大家接受且行之有年的作法和想法。想要成為有效的反抗者，你就必須先瞭解人類有此天性，然後才能對付它，最終克服它。

第三章 為什麼我們需要不服從

不服從是改變的開始

許多人以為，美國歷史上只有南方地區才有種族歧視制度，北方則是為了自由平等奮戰的正義之士——這是大家對美國北方各州的既定印象。但曾有位名叫伊莉莎白（Elizabeth Jennings）的勇敢女教師就非常不同意這點，她認為北方各州一樣有種族歧視。為了證明這點，她拼出一身光榮的傷痕，還收到獎金二百二十五美元。

故事發生在一八五四年七月十六日的紐約市，那天伊莉莎白搭乘有軌馬車前去教會。她一上車，車掌就立刻提醒她三件不容質疑的事實：第一，她是黑人；

第二，根據紐約市府規定，任何白人乘客都可以要求黑人下車；第三，車掌也可代替白人乘客執行前條規定。就這樣，完全不受尊重，只有車掌凶巴巴的告訴她：只要車上有人不爽妳跟他們搭同一輛車，妳就他媽給我下車用走的。

伊莉莎白原本可以乖乖坐好[1]，繼續搭車到教堂，但她沒有這樣做。已經有太多太多次，總有人根據她的膚色規定她可以做什麼、不可以做什麼，她受夠了。於是她說：「我也是個人，我值得受到尊重，我在紐約出生長大，還從來沒在去教堂的路上被羞辱成這樣！」當然啦，她想說的應該是：「你這個囂張的廢物[2]，竟敢羞辱正要上教堂的有水準之人！」

車掌顯然很不習慣黑人頂嘴，黑人被罵不是都該閉嘴服從嗎？於是在一位警察的協助下，這個車掌試圖將伊莉莎白拖下車，但她死命抓著車門台階不放。一番混亂拉扯[3]，伊莉莎白不只洋裝弄髒了，身上也有多處瘀青和擦傷。然而，更多警力到場時，他們不但沒有給一身狼狽的伊莉莎白任何協助，還將她逮捕。

當時只有一位名叫切斯特·亞瑟（Chester Arthur，多年後他成為美國第二十一任總統）的二十二歲白人小伙願意擔任伊莉莎白的律師陪她出庭。根據記載，切斯特的外表就很特殊，留著「歷屆總統當中最濃密、造型也最大膽的鬍子4」。他為伊莉莎白辯護，的確幫她討回了公道，她不僅無須支付任何罰款、不用坐牢，後來還把運輸公司告上法庭。最後法院裁定伊莉莎白可獲得兩百二十五美元的賠償，大約等於當時一位公務員的年薪，算是很豐厚的一筆賠償。

故事到這還沒結束。這起事件的消息傳開後，紐約市的黑人集體氣炸，紛紛挺身抗爭大眾運輸系統的種族隔離措施。次年，因為另一件訴訟案的出現，這家運輸公司終於採行種族平等政策，讓黑人和白人平等選擇大眾交通工具的種類與車上的座次5。

所以說，真正的歷史是這樣的：美南各州的確因為種族歧視而惡名昭彰，他們的種族隔離政策甚至到二十世紀下半葉才結束，但北方各州也沒好到哪裡去。紐約州政府早在一八二七年——伊莉莎白抗爭事件之前三十年——就已廢除奴隸制度，然而之後數十年間紐約還是有許多種族歧視的法律、規定和政策6。社會上就是必須出現像伊莉莎白這樣敢於挑戰威權的鬥士，才能讓人們明白：社會其實有更新、更好的運作方式。一個世紀後，出現了一位更有名的平權鬥士羅莎·

帕克斯（Rosa Parks），她在阿拉巴馬州拒坐公車後排位子（黑人專區），讓她成為許多人心目中推動公民不服從（civil disobedience）的先鋒。但事實上，在她拒坐後排的一百年之前[7]，伊莉莎白已有過類似的壯舉了。

伊莉莎白並沒有成為郵票人像主題，也沒被寫進歷史課本，國民教育也沒教過關於她的故事。但是，這種類型的不服從，縱使已被人遺忘，卻常能帶來很大的改變。無論在社會上還是在我們所屬的組織團隊裡，都需要這類不服從者。本章中我們將會看到，推動社會進步的關鍵力量，正是「不服從者」，就算我們不同意他們的觀點，就算他們提出的方法是錯誤的，只要給理想型反抗者發揮的舞台，他們就會穩定提供一股向上提升的力量，而且會讓我們理解到，事情並不是「已經做到了」，而是還有進步的空間。理想型的不服從可以讓個人變得更理性，讓群體更有創意也更有生產力。

但這也不代表社會願意輕易包容異議份子的存在，事實上正好相反。美國前總統柯林頓曾在二〇一六年的一場演講中表示[8]：「美國已經努力向前走了這麼遠，終於不再像過去有那麼強烈的種族歧視、性別歧視、恐同情結，也不再那麼排斥特定宗教，但我們仍有個很可怕的習慣——就是我們依舊不希望身邊有任何跟自己意見不同的人。」講到此處觀眾都笑了，不過這可不是什麼好笑的事情。現今人類還是得面臨許多不公不義及巨大挑戰，從全球暖化、核武到全球疫情延燒，都是我們要面對的難題。如果我們想要生存，我們就得改變過往的做法，而且動作要快。也就是說，我們必須找出那些勇敢的靈魂——例如像伊莉莎白這位鮮為人知的女中豪傑，或是像羅莎·帕克斯這類知名鬥士——替我們指點迷津，提出他們的奇思妙想，並召集更多人來做這些事。

異議等於進步

理想型反抗者若能擊潰類似種族隔離這種不合理的制度，就能讓「不服從」的力量彰顯出來。可是還有很多其他不著痕跡的方式，可以讓不服從的精神默默推動社會進步，使我們的生活

重點思維

為了培養勇於異議的習慣，我們不只要更懂得包容意見不同的人，要歡迎他們、甚至鼓勵他們盡量提出不同的想法。

更安全，提高我們的效率和生產力，促進社會繁榮——基本上就是讓世界更加美好。

不是我愛唱衰，但我們真的有太多地方亟需要改進了。有很多關鍵的事物要嘛就是糟透了，不然就是雖然最近有改善一點，但還是很爛，再不然就是雖然還不算糟透了，但真的可以更好。今日的醫生已不需要在病人的頭骨上鑽孔、不再進行放血治療、也不再開立含汞和砷的有毒丹藥給病人服用（關於古埃及人的糞便藥膏我以後再說）[9]，但今天每年仍有至少四萬四千名病患死於可避免的醫療疏失[10]。以前的人類以為自己就是宇宙中心，如今天文學雖已有長足進步，但就在二〇一九年，科學家卻發現他們好像有點錯估了宇宙的年齡[11]……嗯……大概錯估了十多億年吧。我們現在的教育制度跟伊莉莎白那時代相比是好很多沒錯[12]，她那時代黑人基本上不能上學，甚至連五歲到十九歲的白人小孩也只有一半人受過教育，但直至二〇一九年，還是有百分之二十二的美國公民連美國三權分立的任一權都說不出來，只有百分之三十九能完整說出三權[13]。還有學校體育課，平均每節只給學生十六分鐘的體能活動時間[14]，大概就是要學生跳幾個開合跳再隨便打個壘球，就宣告下課。每節課短短九百六十秒的運動，就能幫助孩子避免肥胖嗎？怎可能！

如果我們想要進步——無論是在上述領域還是在任何其他領域——我們都需要更多像伊莉莎白這樣的反抗者。不同的觀點常常能帶來令人耳目一新的想法以及非常有效的解決方法。

例如說，怎麼預防或阻止校園槍擊事件。目前有個廣受支持的應對方案，就是讓老師以及其他學校工作人員也都攜帶武器，這麼一來萬一真的有槍手衝進校園襲擊師生，老師可以立刻反擊，不用等執法人員到來。

然而在二〇一三年間，連戒備森嚴的華盛頓海軍工廠也發生了槍擊事件，造成十二人死亡、八人受傷。槍擊事件之後，聯邦執法培訓中心召集了專家小組集思廣益，希望想出新方法避免類似悲劇再次發生。說得更明白一點，就是要盡可能降低濫射事件中的死傷人數。不過很特別的是，這次專家小組的成員並非一般官僚，培訓中心特別邀請了一群「局外人」，包括法醫心理學家、精神科醫師、外科醫師、建築師、海豹部隊成員以及幾位曾經親身經歷大規模槍擊事件的倖存者。

應邀出席的那位法醫心理學家正好是我朋友，他提出一個很有創意但又挺奇怪的想法——學校應該教導孩子在發生槍擊案時直接跑到女廁裡躲起來。他解釋：「差不多所有槍手都是男的，如果你看過槍擊事件的相關錄像，你會發現他們都只會路過女廁而不會入內。」海豹部隊成員則提出完全不同的想法，如果他碰到這類槍擊事件，他說：「我會趕快拿滅火器。」此時其他人還以為他想建議拿滅火器去砸槍手，但他說的卻是：「打開滅火器噴灑出煙幕，阻擋槍手視線，而且滅火器裡的化學物會消耗空氣中的氧氣，這樣也能使槍手呼吸困難，因而更容易制伏。」這些局外人提出的想法都驚人地簡單實用，也只有不墨守成規的人——在此指的就是這些局外人——才能跳脫框架，想出與眾不同的解決方法。

當然啦，這些方法也可能行不通，但讓老師帶槍上課也算不上什麼好方法。當研究人員詢問一萬五千名專業執法人員如何解決槍枝暴力15，有百分之八十六的執法人員認為讓市民合法配槍，就可減少槍擊事件的死亡人數。但事實上，就算是訓練有素的紐約市警察，在街上與歹徒駁火的時候，也有百分之八十二的警察沒有命中目標[16]。如果歹徒沒開槍，只有警方開槍，還是有百分之七十的警察沒有擊中目標，而每顆擊發出去的子彈都可能造成無辜民眾的傷亡。專業的尚且如此，難道教詩詞的老師槍法會更好嗎？

其實還有無數例子都可以證明現存的認知是有問題的，絕對有改進空間。與其要求教詩詞的老師來一場真人版的決勝時刻，也許逃進女廁或拿滅火器自救更能提高在槍擊事件中存活的機率。雖然這並非定論，但大家都可以看到一個明顯的事實：如果能鼓勵更多人跳脫現狀思考，也許我們就更有機會找到其他有效的解決方法，而這些方法可能過去沒人想到，或者想到也不敢提出來。

很多證據顯示，如果我們在團隊之中鼓勵不服從的行為，那麼團隊表現會更加優秀。二〇一二年，Google開始了一項叫作「亞里斯多德計畫」的知名研究，試圖找出打造頂尖團隊的關鍵因素。雖然Google常被票選為擁有世上最棒工作環境的企業，但他們其實也想知道為什麼只有某些團隊能成功完成任務，工作表現還優於任何人。亞里斯多德計畫進行了兩年後，研究人員終於找到答案，那就是——心理安全感（psychological safety）。一個卓越的團隊能創造一個「鼓勵成員提出想法」的環境，不用擔心自己提出想法後會被罵或被笑，也不用怕自己的想法被偷走或會威脅到自己的職涯發展。答案揭曉後受到大批媒體關注，《紐約時報》還在頭版刊登關於該研究的報導，標題為《Google發現打造完美團隊的關鍵因素》。截至二〇一九年六月，已經有一萬多篇文章和影片報導了亞里斯多德計畫的研究結果。於是，許多企業也發動了「心理安全革命」，期望在公司內部提高士氣、鼓勵學習、提升工作表現並激發更多創意。

但其實Google錯過了該研究非常重要的後續發展：亞里斯多德計畫結束後的一年間，有兩位心理學家剖析了五十一份關於心理安全感如何影響團隊表現的研究[17]，結果發現心安感跟工作表現並沒有絕對關係。很多團隊花費大量時間金錢投入心理安全感的建設，想提升工作表現，但成果也未達預期。那麼到底在什麼情況下，心理安全感才有助於提升工作表現呢？答案是團隊中要有理想型的反抗者。團隊成員都渴望安心地在團隊裡工作，但研究顯示，**只有當我們允許團隊出現少數不同的聲音[18]，而且能歡迎這樣的聲音，我們的心理安全感才能轉化成卓越表現**。你現在也許就有足夠的心胸包容少數異議，但只有包容是不夠的，你能包容不代表異議份子就有足夠力量去影響其他團隊成員。組織心理學家凱瑟琳・克萊茵（Katherine Klein）和大衛・哈里森（David Harrison）特別強調：「一個團隊成員只是想改善另一個成員提出的解決方法，這樣還不夠，他／她必須要說服其他成員：自己提出的進階版方法絕對是團隊未來的最佳行動方案[19]。」太多人不懂得利用異議份子帶來的刺激，團隊除了需要心安感以外，也必須有足夠的度量，迎接有建設性的異議或是很天馬行空的想法，這樣團隊才能對不同的思維一直保持開放的態度，進而做出更睿智的決策、也能更有創造力。

如果理想型不服從對我們來說這麼重要，那這樣的行為到底能帶來什麼好處？心理學家列出了以下三個我們應該鼓勵不服從的理由。

理由一：理想型不服從可以減少我們的認知偏誤

人雖然聰明，但還是很難做出理性的決策。當我們看見新的資訊與自己深信不疑的信念相衝突，我們會立刻站出來捍衛自己的認知，駁斥那些不符合我們價值觀的訊息。我們會這麼做，主因就是認知偏誤：雖然我們的智人祖先遺傳給我們一顆容量很大的腦袋，但這顆腦袋處理信息的能力卻很有限。我們每次只能關注一點點的外部信息；為了要在充斥著無限信息的世界裡存活，我們的大腦於是走了捷徑，導致我們很容易產生偏見。

我們也會比較想要擁有某些情緒感受，比較願意接受某些想法，而對另外一些感受和認知則避之唯恐不及。我們希望自己是對的，我們想要被人喜歡，我們希望自己的身份受到認可，我們會在乎特定的人事物、支持某些運動競賽隊伍和某些想法，因為這些人事物讓我們感覺自己獲得認同。如果有人質疑或批評我們非常在乎的人事物，我們會站出來回擊。於是，我們對現實世界的認知就越來越偏頗、扭曲。

心理學家已經找出大約一百種會影響我們的認知偏誤，並將它們分成三大類。第一類跟我們對歸屬感的需求有關，我們都很希望能成為某個小圈圈（內團體，或同溫層）的成員20。事實上，我們超愛小圈圈。人類祖先的演化經驗告訴我們，待在小圈圈裡才有利於生存——這樣才不會碰到可怕的陌生人，雖然這樣也可能會錯過機會，無法認識更多善良、有同情心、胸懷博愛的陌生朋友。衡量之下，嗯嗯，絕對的利大於弊。於是，我們樂於向各種小圈圈效忠，包含任何種族、性別、國籍、社會地位、政治理念或甚至吃素吃葷等因素形成的小圈圈。我們對待這些小圈圈裡的人，比對待外人好得多，我們會用雙重標準評估「自己人」，我們更常跟自己人互動，也更願意給予自己人的想法或提議更高的評價。更重要的是，我們如果聽到與自己立場或理念相左的想法，通常會自動認為那肯定不是團體內的小夥伴提出的，因此就更加抗拒改變自己的想法。

第二類偏誤則跟科學家所謂的「動機性說理（motivated reasoning）」有關，簡單來說就是我們無法完全客觀地去評估訊息，都是根據主觀認知和偏好來評斷接受到的資訊。當我們接收的資訊符合我們認為自己已知的事實，就會更容易接受或認可這類資訊；另一方面，我們會刻意避開不符合我們認知的資訊。因此，我們只會跟想法差不多的人交流著差不多的想法，我們會催眠自己，相信自己的觀點最公正最客觀。也因為我們在獲取資訊和處理資訊時不斷催眠自己，導致我們很難發現、接受其他更棒的不同想法。

第三類偏誤則是跟科學家所謂的「動機必然性（motivated certainty）」有關[21]。政治心理學家柯瑞・克拉克（Cory Clark）和博歐・懷恩加德（Bo Winegard）曾說，動機性推理是「和我們的信念有關，而動機必然性則是和我們信念所帶來的影響有關」。簡單來說，我們很容易對自己的立場和想法過度自信，卻無法看清若堅守這個立場的結果會怎樣。我們常覺得自己聰明到不行——或至少覺得自己是對的。例如我們可能認為移民應該有權遷徙到他想去的國家，想住哪就住哪；或者認為人類絕對有權決定自己的性別；或者認為基因無法解釋男女之間的差異。在一個夢幻的理想世界裡，堅守某些信念並不會有什麼問題，但在現實世界，堅守立場是要付出代價的。我們為自己的信念以及實踐這些信念，不惜付出大量金錢、心力和感情，而且還對這些信念越來越深信、難以自拔。奇怪的是，當生活出現越來越多難以掌控的事物，我們還會更加堅信自己的想法和立場，這種時候我們已經無法清楚看清現實，而且還渾然不覺。

使我們看不清現實的十大認知偏誤

確認偏誤（Confirmation bias）——我們比較容易接受符合自己認知或價值觀的資訊。

熟悉偏誤（Familiarity bias）——我們比較容易接受自己已經認識的人事物。

素樸實在論（Naïve realism）——我們很容易相信自己很客觀很理性，並認為跟我們意見相左的人都很無知、不理性或是有偏見。

知識錯覺（Illusion of knowledge）——我們以為自己很清楚別人在想什麼。

基本歸因謬誤（Fundamental attribution error）——當他人犯錯或失敗時，我們常認為是他本身的問題。當我們自己犯錯時，我們會自動歸咎於外在因素或運氣不好。

自我一致性偏誤（Self-consistency bias）——我們常覺得自己的

態度、信念和行為一路走來始終如一，但事實上這些都不斷在改變。

投射偏見（Projection bias）——我們很容易自動預設別人跟我們有一樣的偏好、想法和行為，但事實可能並非如此。

權威偏見（Authority bias）——我們較容易接受有權有勢的人所表達的意見。

刻板印象偏誤（Stereotyping bias）——當我們觀察到某個群體其中一個成員的行為模式，我們往往會自動認為該群體其他成員或是所有成員都有一樣的行為模式。

偏見盲點（Bias blind spot）——我們常認為我們能輕易發現他人的偏見，即使我們自己都很難發現自己的偏見。

如果我們心中充滿偏見，而且這些偏見還扭曲並束縛了我們的思維，那人類註定只能笨到底了，對吧？其實也不一定，因為總有些人可以超越偏見，他們就是本書所說的理想型反抗者。如果在我們當中，能夠有像伊莉莎白．詹寧斯這樣對抗種族歧視的人，他們不只擁有與眾不同的想法，還不怕讓你知道，那麼我們就比較容易發現自己的認知偏誤，並加以糾正。我們對這個世界也會更好奇、更有求知慾，而不是故步自封於既有的框架中。

斯特凡．舒爾茨哈特（Stefan Schulz-Hardt）博士曾做過一個實驗，研究如何才能最有效地消除德國企業主管的認知偏誤（尤其強調確認偏誤）：他請許多企業主管分成數個小團隊，要每個團隊從兩個國家中選擇一國做投資。每個團隊必須衡量十四種不同因素，包含該國稅率、經濟成長、環境法規等等，而且可以參閱十幾篇由熟悉兩國經濟情況的專家所寫的文章，不過這些文章裡有一半認為某國是理想投資環境，但另一半則持相反意見。

每個團隊起初一定都會特別偏好某一國，那麼他們最終只會參考支持他們偏好國家的資料嗎？如果在團隊裡安插「異議份子」會帶來什麼結果呢？討論的走向會和所有人都意見一致的團隊一樣嗎？舒爾茨哈特博士發現，跟「意見一致組」比起來，「異議組」有高出兩倍的機率會去參考與團隊偏好不同的文章。因此，如果你希望自己能戰勝人的劣根性[22]，避免再用偏頗的立場思考，那麼就要聽一些不同的、有建設性的聲音。

當然啦，團隊裡出現異議也並非完全只有好事。跟「意見一致組」相比，「異議組」討論時出現爭執的機率也高兩倍，畢竟要討論完全不同的觀點，整個團隊的正能量、凝聚力和決策過程都會受到影響。但「意見一致組」則完全被確認偏誤牽著鼻子走，他們只參考那些符合他們偏好的資料，忽略與團隊立場有所牴觸的關鍵資訊。而且，雖然「意見一致組」內部未出現任何異議，但他們卻擁有謎之自信：與參考了更多資料、考慮議題更廣、更有探索精神的「異議組」比起來，「意見一致組」對自己的投資決策超有信心[23]。

針對醫院、法院、百老匯音樂劇製作和社會運動作的相關研究，也都得到類似上述的結果。如果你在團隊裡注入不同的聲音，你會發現整個團隊會變得比較沒自信，而且會出現更多爭執——不過，為了讓團隊更有效解決問題、擁有更強的創造力，這些相對來說不過是小小的代價[24]。

若有機會接觸異議份子的觀點，你會變得比較願意檢視與你立場相反的資訊。你的心態會比較開放，願意去認清事實，質疑自己的想法。如此一來，你就不會一直採用動機性推理，不會擁有錯誤的自信，你會真的比較能以理性、平衡的角度去評判事物，思考的時候立場就不會只侷限於某黨某派，而是會像一個無特定立場的科學家努力追尋事實。整體而言，異議份子的存在會逼得團隊成員無法偷懶走認知捷徑，而必須改用更詳盡、更深刻的方式處理信息，這樣一來剛剛提到的那些認知偏誤就不再有搗亂的機會。

理由二：理想型不服從可以激發創意

現在來思考一個問題：什麼因素能讓一個小學生，在五十年後被公認是非常有創意的人才？答案不是看他們是否會用黏土捏出奇特的造型，不是看他們的智商，也不是看他們好奇心有多強，而是要看他們是否能「自在地當個『與

重點思維

你所在的群體中若出現異議者，有特別的事就會發生：你不會認為這名異議者說的都是對的，但你會比較願意更仔細地思考某議題，並且相信該異議者之所以與大家立場相反，應該有很好的理由。

眾不同的少數』」。喬治亞大學的馬克・倫科（Mark Runco）博士等人曾發表一項研究指出，比他人更有創意、成就的六十歲成年人，通常在小時候就不怕成為與眾不同的少數。這些人將會出版書籍，完成劇作，開設很賺錢的公司，獲得過公眾讚譽，且對其他人帶來深刻的影響。的確，這些人年輕的時候也因為動不動就想挑戰現狀而遭遇很多挫折，也曾失去朋友、被許多人欺負。然而當他們加入了某個團隊，他們便成了引領趨勢的創意先鋒[25]，成就遠勝於那些乖乖聽話的同儕。

其他研究也發現，團隊裡若有理想型反抗者這種人，將可以刺激其他成員採用不同的方式思考，進而做出更有創意的決策。在一項研究裡，研究人員找來一些工作團隊，每個團隊隨機選出一位成員加以訓練，成為理想型的反抗者。接下來十週這些團隊將會參與各種創意任務，例如開發新產品、思考如何在違反道德倫理的工作情境中做出正確的決定。和缺少反抗者的團隊相比，有異議份子的團隊最後都能想出更有原創性的產品方案（產品的原創性高低是由外部專家評定）。這些「異議團隊」內部討論的時候經常爭執不休，擔任反抗者的人時常會覺得壓力山大或被孤立。一位反抗者曾表示：「真的很不容易。」另一位說：「我和一位夥伴大多時候都在吵架。」但其他成員最終都還是認可反抗者為團隊帶來的貢獻，而且在互評的時候反抗者往往會收到更高的評價。剛開始，反抗者的存在看似只會拖累團隊工作進度，影響團隊和諧，但漸漸地，反抗者能幫助每個人釐清自己在團隊裡扮演的角色，進而提升每個人的工作表現和創意[26]。

我們很多人都以為自己是個心胸寬廣的人，能欣賞不同的價值觀、特殊的想法或反常的思維。然而若真的把一兩個異議份子放入我們的團隊裡，在團隊氣氛變得緊張、凝聚力受到考驗的同時，我們會發現自己的心胸其實沒那麼寬廣。不過為了我們自己好，我們還是得撐過這段煩人的過渡期，努力接受不服從的精神。

重點思維

創意並非天賦，而是一種思考模式。常和不墨守成規的人互動能讓我們習慣用有創意的方式思考。隨著反抗者不斷提出原本沒什麼人支持的新想法，團隊最終會獲得比全員意見一致更好的成果。

理由三：一個人的不服從能激發更多人的不服從

上一章我們說到，有一股巨大的力量強迫我們順服現狀，但不服從的精神也有感染力。如果你在某團隊裡安插一個反抗者，一陣子以後可能會發現團隊裡冒出更多反抗者。學者查蘭．涅邁斯（Dr. Charlan Nemeth）博士曾做過一個令人讚嘆的研究，她想知道是什麼因素促使某些人敢於反抗權威及群眾壓力，所以她在實驗中，先請受試者單獨觀看二十張藍色幻燈片，一面看一面必須大聲說出幻燈片的顏色。受試者單獨接受測試時，所有人都百分之百確定那些幻燈片是藍色的。接著研究人員把受試者分成四人一組，每一組安插一位演員，負責提出和大多數人不同的意見。演員在報顏色的時候，會非常自信地說那些藍色幻燈片是綠色的。不過事實擺在眼前，藍色的幻燈片就是藍色的，這名異議份子很明顯說錯了，所以其他受試者並未受其影響，還是很有自信地說幻燈片是藍色的。

下一個階段，這個實驗最有趣的部分正式開始。研究人員帶每個受試者到密室，在這裡每一位受試者會和另外安排好的三個演員，重新組成四人小組，但受試者看不到另外三個演員，因為成員之間只能透過麥克風交流。接著這四人又會看到另一批幻燈片，這次全是紅色的。此時，當實驗人員詢問幻燈片是什麼顏色時，事先安排好的三個演員異口同聲說：「橘色。」此情此景真的太適合少數服從多數了，研究人員也很好奇，在這種狀況下真正的受試者會怎麼回答。結果發現，有些受試者在實驗第一階段沒有接觸到不同答案（也就是說，這一類的受試者沒有聽到演員故意把藍色說成綠色），那麼這類受試者格外願意服從多數人的錯誤答案——這類受試者只有百分之二十九點六的次數會用很沒自信的小聲說：「紅色……吧？」然而，在第一階段有接觸到演員提出不同答案的受試者，卻像是經歷過某種心靈洗禮——在第二階段的情境中他們有百分之七十六點一的次數會自信勇敢地說出正確答案：「很明顯是紅色的啊！」

這個實驗告訴我們一個驚人的事實：**實驗第一階段的異議份子說出了錯誤的答案，而大多數人的答案才是正確的，而且大多數人並未認同異議份子的答案，但不同意見的出現，確實悄悄改變了大多數人的心態**。這真的很值得思考：不服從的行為真的可以對他人造成影響，即使他人一開始可能根本無視少數人的不服從，但不知怎地，光是看到或聽到不服從的言行，就足以改變一個人看待世界的方式[27]。

羅伯特・西奧迪尼（Robert Cialdini）博士是世上首屈一指研究說服力的專家，他發現反對現況的人一開始都很難馬上改變其他人的態度和認知，但過了一陣子之，你就會見到其他人思想和行為上的改變[28]。因此，雖然不服從的行為一開始可能很驚世駭俗，但隨著時間過去，這樣的行為最終會帶來非常深遠的正面影響，改變人們看待自己、看待他人和看待整個世界的方式。

> **重點思維**
>
> 不服從的行為通常不會立刻獲得肯定，但會在人們心中種下「懷疑精神」的種子，這些種子會隨著時間慢慢發芽茁壯，最後長成新穎的觀點和思想。

讓「開放心態」成為你的預設模式

以上向大家介紹了這麼多「證明不服從會帶來益處」的研究，是希望能鼓勵各位至少做到下列兩件事之一。首先，希望你能更勇於反抗、更勇於用不同的方式思考，敢於發聲、行動。其次，希望你能採用更開放的心態面對提出異議的「異類」，即使你們不同意這些異類的想法，也要學著欣然接受他們的存在。我常說，「不服從」是通往「下一個好機會」的入口。正是有人試圖改變現狀、質疑現存的思想，才讓我們發現新的可能與機會；如果只靠我們自己，那很容易因為根深蒂固的偏見或缺乏相關經驗和智慧，而無法發現這些新的可能性。正如我們所見，理想型反抗者能為社會帶來大大小小的改變。你無須認同異議者的想法，但請好好聽他們說話。當你接觸到非常新穎的想法時，不要死守你原有的觀點，試著來個大轉變，讓「開放心態」成為你的預設模式。

屬於少數的異議反抗者，是否能受到多數主流的包容，其實至關重要。科學家發現，勢單力孤的反抗者靠自己的力量是沒用的。研究人員曾經很好奇，要如何讓一群人改變長久以來的社交習慣，所以他們找來一百九十四位受試者，每二十到三十人分成一組，給每一組看一張陌生人的大頭照，要求每組為這位陌生人取個名字。研究人員鼓勵組員多多討論，不過參與者都不曉得每組其實都安插了一些異議份子組員，負責在整組快達成共識時提出新的建議，試圖推翻大家原先的決定。結果發現，如果一組裡有超過百分之二十五的成員是異議份子，那麼該組就會推翻原先的決定；如果組裡異議份子的比例低於百分之二十，那異議份子就完全無法影響最後的決定。也許一、兩個像伊莉莎白・詹寧斯這樣的鬥士就可以促成特定政策的改變，但一般而言，想要翻轉一大群人的思想和行為，那麼至少要有百分之二十五的人願意支持少數反抗者的想法才行。

本書稍後會介紹如何透過包容、善用異議者的新奇想法，來讓自己也成為那耀眼的百分之二十五。但我們會先討論，反抗者要如何能贏得更多人的支持，以便衝破那百分之二十五的門檻，為世界帶來改變。

贏得支持的一項關鍵因素就是說話的方式，就算你是千年不遇的驚世奇才，你若是不懂得表達自己的想法，你也不會獲得多少發展空間。還好目前科學家已經找到方法，讓原本處於弱勢的小人物也能順利提出自己的想法、獲得更多人的支持。所以，如果你有個可以幫助社會進步、但多數人無法接受的想法，那麼第一步就是——關掉你正在看的影片、停止滑IG。現在！好好專心閱讀接下來的章節，因為這個世界需要你。

不服從的成功要訣

1. **將異議份子納入你的團隊**。當你接觸到異議者的觀點，你才會用比較開放的心態去質疑現況以及你現有的想法。團隊裡只要有一個異議者提出與眾不同的觀點，就算起初眾人難以接受，但只要異議存在，就能夠協助團隊減少確認偏誤和動機性推理，進而產生更多有創意的想法。

2. **要有耐心**。理想型反抗者通常很難一開始就有辦法改變他人的心態，但他們的不服從精神最終還是會帶來非常深遠的影響，改變人們看待自己、看待他人和看待整個世界的方式。

3. **讓「開放心態」成為你的預設模式**。你不需要同意每個異議份子的想法，但你應該好好聽他們說話。不要太固執己見。

PART 2

科學實證，有效提出異議的方法

第四章 說服力就是你的超能力

如何讓服從的大多數甘心支持你

今天我要說一個Fugazi的故事。它不是義大利高級跑車品牌，也不是兇悍義大利老阿嬤嗆人的髒話。俚語辭典則記載老兵們使用這個字來表達「完蛋搞砸了」1。不過我要講的Fugazi是一個四人組成的龐克搖滾樂團，它是近三十年來最有影響力的音樂團體。沒有之一。

有這麼誇張嗎？那我們把超脫樂團Nirvana或嘻哈天王Jay-Z擺哪裡？你要知道，很多天王和天團深受Fugazi樂團的影響。除了前述兩者，還有珍珠果醬Pearl Jam、討伐體制樂團Rage Against the Machine、嗆辣紅椒樂團the Red Hot

Chili Peppers、創作才女蘿兒Lorde、眨眼182樂團Blink-182、惡女凱莎Kesha、幽浮一族樂團the Foo Fighters、怪奇比莉Billie Eilish等等天王天后天團，全都是Fugazi的鐵粉。當你發現有這麼多深受Fugazi影響的藝人團體本身在音樂界也擁有超強影響力，你就不難想像如果世間從未出現Fugazi，那麼音樂界也不會是現在的樣貌了。

根據一位音樂記者的描述[2]，融合雷鬼、放克、爵士多種音樂風格的Fugazi認為，從眾文化帶來的荒謬安全感，會使人感到困惑、憤怒和焦慮，而他們的音樂正是抒發這些情緒的出口。Fugazi和後來賺大錢的披頭四Beatles、齊柏林飛船Led Zeppelin、U2樂團或鄉村音樂創作歌手葛斯・布魯克（Garth Brooks）都不一樣，Fugazi代表的是一種高尚的「藝術節操」，他們大膽表達政治理念，反對消費主義和大企業，提倡凡事自己來的精神。他們討厭自負和炫耀的心態，也不願意向利益低頭。在一九八〇年代後期到一九九〇年代，他們可說是所有搖滾或流行樂團中最清的一股清流，擺脫所有華而不實的包裝，讓觀眾真心熱愛他們的思想和音樂，而不是成為盲目崇拜偶像的腦粉。

這些人的志節骨氣已經滲透到靈魂深處，無論他們有多紅，演唱會門票始終五美元一張，而唱片、錄音帶、CD也只要十美元一張。為了讓產品售價維持低廉，他們從未和經銷商合作，也不曾雇用經紀人、會計、巡迴演唱經理或其他多數音樂人雇來幫忙賺錢的專業人士。所有的專輯都是團員自己錄製，沒地方睡就借宿粉絲的客廳，他們根本不在乎能不能成為別人眼中的搖滾巨星[3]。因為團員記得自己小時候曾因為許多演唱會不准孩子入場，因此他們堅持每場演出都不設觀賞年齡限制。他們歡迎所有人前來欣賞他們的音樂，包括女性（他們從不物化女性）和非白人人種（他們從不把有色人種當作外人）。現今有非常多流行歌曲也都敢於批評各種社會上各種不公不義，從厭女文化、恐同情結、暴力、經濟不平等、唯物主義到政府侵害人民權益等等都有。而這正是Fugazi的精神：敢於發聲對抗社會長存的不公不義。

Fugazi從不在酒吧演唱，因為團員不希望觀眾的音樂體驗被酒精破壞；他們也拒絕某些主流雜誌的訪談邀約，因為這些媒體允許菸酒商在雜誌上向涉世未深的青少年大打廣告；他們拒絕了大牌唱片公司的百萬合約，因為他們希望保有自由創作的權利；他們也不拍攝音樂錄影帶，因為他們不喜歡MTV這類音樂頻道上那些性感煽情的音樂錄影帶。為了盡量減少和粉絲之間的商業交易行為，他們的演唱會也不賣T恤、貼紙或徽章。Fugazi的優先順序一向很清楚，那就是音樂第一、粉絲第二。此外，這個樂團真的自始至終從未改變，永遠支持著對抗大鯨魚（企業）的小蝦米（小人物）。

很多人認為「藝術節操」和「賺大錢」不可能並存，但偏偏Fugazi就直接打破這種刻板印象。出道十七年間，他們賣出超過三百萬張唱片；到今天，每個月都還有超過一百五十萬名聽眾在網上串流他們的音樂。即使Fugazi已在二〇〇三年宣布無限期停止所有活動[4]，也不影響世人對他們的喜愛。如果討論到更深層面，Fugazi做到了非常多音樂人做不到的事：他們改變了文化常規、為基層民眾發聲、引領DIY風潮、促使更多音樂人關心社會議題。他們將道德議題帶進音樂，引起更多人重視，這也是為什麼知名音樂人寇特・科本（Kurt Cobain）和艾迪・維達（Eddie Vedder）都在訪談中提到Fugazi團員的名字，期盼能傳承他們的藝術節操傳承給更多人[5]。

身為音樂界內特立獨行的異類，Fugazi憑什麼如此成功？其中一個答案是百分百的決心。一九八七到二〇〇三年間，他們進行了超過一千場現場演出，等於連續十七年間大約每五天就來一場現場演唱！這為他們帶來非常多的曝光機會。不過他們成功還有另一個更重要的原因：團員們精通所謂的「小人物，大影響」技能——就像達爾文一樣，他們有不尋常的本事讓多數人接納或甚至支持他們的想法，連從未認同過龐克搖滾的超知名經紀人和大批粉絲們也都能被他們的魅力感染。

科學家已經透過研究確認，屬於弱勢的少數人（反抗者都被歸類為這種人）其實更容易帶來改變，但前提是反抗者自己要言行一致，而且不要對他人過分嚴苛，而這點Fugazi就做得很好。這個樂團始終秉持著「正派龐克」的精神：不吸毒、不飲酒、不抽菸、不吃肉、不濫交。雖然樂團成員始終秉持這些原則，他們也從未逼迫粉絲接受他們的價值觀。無論在舞台上、訪談中或是在面對面的談話裡，Fugazi都一再強調他們奉行的只是一種生活方式，絕不是唯一的生活方式，他們不會去批判不同生活方式的人，也不認為粉絲應該要效仿他們或遵照他們的價值觀過活。正因為粉絲從不認為Fugazi在對他們說教，所以才更願意傾聽Fugazi的想法，並自動自發地過起「正派龐克」所提倡的生活。

科學研究至今找到幾個非常厲害的技巧，能幫助少數人以容易成功的方式說服他人。這些技巧跟幾個知名心理學理論密切相關，包括轉換理論（Conversion Theory）[6]、衝突推敲理論（Conflict Elaboration Theory）[7]、情境／比較模型（Context/Comparison Model）[8]、源頭－情境推敲模型（Source-Context-Elaboration Model）[9]、推敲可能性模型（Elaboration Likelihood Model）[10]。我從這些理論歸納出幾個必殺技，來幫助理想型反抗者大幅提升自己的說服力。如果你不知道這些技巧，卻想說服別人，那你八成會失敗；但如果你能像Fugazi和其他成功的反抗者一樣精通這些必殺技，那你就更有機會讓他人傾聽你的聲音。

重點思維

反抗者可以運用以下的五大技巧，讓自己的說服力加倍再加倍。

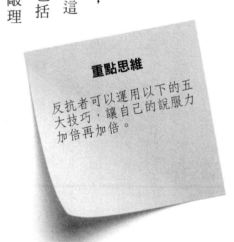

必殺技一：讓受眾把你當「自己人」

如果對方把你當成他們團體內的「自己人」而非「外人」，那麼他們就更有可能聽你說話。關於這點已經有很多科學證據，例如亞利桑那大學在一九九〇年代就做過相關研究。當年並不重視同性戀權益，合法同性婚姻有如天方夜譚，但對於同性戀服兵役，政府則裝傻，同性戀者只要隱藏自己的性向就能入伍。在這樣的時代背景下，研究人員請一群支持同性戀權利的大學生讀一篇名為《反對同性戀者當兵》的文章，並把他們分成三組。一組學生以為這篇文章是亞利桑那大學學生會撰寫的，也就是說，這篇文章反映了學生群體中的主流意見；另一組則以為這是校內一個激進保守的小團體所寫的，也就是說，這篇文章反映了亞利桑那大學裡少數人的聲音；最後一組則以為該篇文章是另一所學校的某個激進團體寫的。

原本應該反對這篇「反同文章」的學生（畢竟同性戀不能當兵，違背了他們的平權核心理念），如果以為文章是校內代表主流意見的學生會所寫的，那他們對於這篇文章的正面評價，會多了兩倍；如果以為是校內少數人組成的團體所寫的，則閱讀的學生將會更仔細閱讀這篇文章，而且會記得更多內容資訊。其實少數族群有自己獨特的說服力，但前提是：少數族群必須展現他們與訊息受眾擁有共同的身份印記。

造成這種現象的機制相當有趣：當團體內的某人出現跟所有人不同的想法，就會引發多數人的好奇心，此時大家會產生兩個問題：「為什麼這人跟我們想的都不一樣？」及「這人知道什麼我不知道的事情嗎？」雖然出現這種異議份子，短期內會讓團體成員感到不安、氣氛變僵或引起衝突，但異類提出的異議也會使大家有機會接觸新奇的想法，發現未解決的問題，找到更多解決方法，進而刺激大家的創造力。團體內的多數成員會願意傾聽少數異議份子說的意見，以獲得

重點思維

社會學家所謂的「性格信用（idiosyncrasy credits）」就是，若你獲得某個團體認可、給予你性格信用之後，就算你後來做了某些不合情理或反常的事，也比較不容易被責怪。

知識和智慧；他們會重新審視自己目前的想法、行為和策略，判斷哪些已經過時或是行不通了。不過要做到這些，這位異議份子必須被團體內的多數成員看作是「自己人」，唯有「自己人」才能擁有外人無法擁有的信賴，也才更容易帶來改變[11]。

如果你是政治保守派，但你想說服美國保守派的朋友接受槍枝管制（美國保守派多為擁槍派），記得先提醒他們：你跟他們一樣是保守派的，還要說自己以前都是投給保守派的共和黨，然後才開始說你為何支持槍枝管制。街邊拉人傳教的傳教士很難說服聽眾，因為他們沒有（或說無法）和聽眾建立「自己人」的關係，所以沒人想聽他們的訊息。你現在知道該怎麼做了，你會有更好的成果。

必殺技二：讓受眾好奇，別讓他們害怕

你可能是全世界最有智慧的人，擁有全世界最好的想法，但如果你把人們嚇個半死、讓他們拒你於千里之外，那你的想法就無法得到任何關注。伊格納茲・

塞麥維斯醫生（Ignaz Semmelweis）的故事足以證明這點。早在一八七四年，醫學界還不太知道細菌，但塞麥維斯醫生已經主張洗手可預防人類疾病。當時醫界普遍認為疾病源自於人體內「四大體液」的數量失衡（血液、痰、黑膽汁、黃膽汁）[12]，但塞麥維斯醫生蒐集到的數據卻讓他有不同的看法。他在維也納綜合醫院第一產房工作的時候就發現，某個產房的產婦分娩後死亡率遠高於另一個產房，於是他解剖了每具產婦遺體尋找原因，結果發現產婦遺體內被大量其他屍體上的生物微粒汙染[13]。原來，當年很多醫生在解剖屍體完沒洗手，直接跑去接生，結果屍體上的致病粒子就透過醫生感染產婦。解決方法很簡單，就是在接生前用含氯清潔劑把手洗乾淨。

確實有些醫生真的試著在接生前洗手，結果產婦的死亡率便直線下降近乎歸零[14]，這真的太不可思議了！不過更不可思議、而且更悲哀的是：歐洲醫界幾乎沒人願意聽他的忠告，那些受過高等教育、自認權威的醫生才不相信自己的手不乾淨會害死病人。還要再等一百年，洗手才會成為醫療行為之前的標準程序[15]。不過說實在，塞麥維斯的行為舉止對他也沒半點好處。首先，他完全沒打算把自己的新發現和醫界信奉已久的四大體液致病理論結合，好讓大多數醫生容易接受；此外，如果有人駁斥他的論文，他就會大力抨擊。例如有位來自布拉格的婦產科醫師質疑他的研究結果，結果他竟然在一本書裡用了整整六十四頁大力抨擊這位醫師[16]。

塞麥維斯醫生以為，只要有充分的數據和強而有力的論點，就足夠改變多數人錯誤的想法，但其實數據和論點再有說服力都是不夠的。無論你有多生氣，你在表達想法時一定要記得：別讓觀眾感到威脅。站在少數人的立場提出新主張真的非常非常困難，因為多數人會用更高倍率的放大鏡來檢視你的論點。如果團體內深獲他人認同的成員覺得你的想法會造成威脅，那麼就算你的論點再怎麼厲害，多數成員還是會堅守團內菁英份子的想法或作法，甚至會變本加厲地死守。簡單來說，如果你在觀眾心裡引起的恐懼、尷尬或罪惡感遠超過他

重點思維

身為理想型反抗者，要記得事緩則圓，表達想法時要謙遜親切，千萬不要羞辱、責怪或重砲抨擊這些擁護現狀的人，反而要把這些擁護主流的人視為你未來的盟友。

們對新想法的好奇和讚嘆[17]，那你的影響力會瞬間縮小很多很多。

必殺技三：讓受眾相信你的想法是出自客觀判斷，而非主觀意識

不管我們屬於多數人還是少數人的群體，只要我們讓自己的論點看起來很客觀且經得起檢驗[18]，別人就會覺得我們很有說服力（不然我為什麼要在本書裡講這麼多科學證據）。事實上，一些很有創意的實驗已經證實了，只要理想型反抗者能以經得起客觀檢驗的事實為武器，那就更有機會影響主流意見。

在某項研究裡，研究人員邀請一批受試者扮演大學申請入學的審核官[19]，負責審核大學申請文件。所有人都收到一模一樣的備審資料，但有一半的審核官被告知他們必須根據客觀因素來決定要不要收這個學生，亦即他們必須根據手上的明確資料來做決定；另一半審核官則被告知，他們可以自行主觀決定，而他們手上拿到的備審資料都屬於需要自行解讀的性質。屬於主觀組的審核官還被告知，自己先做出一個決定之後，再跟其他審核官討論（順道說一下：這是避免團體迷

思的極佳方法）。

接著有趣的來了：研究人員要求每個審核官都要自選另一位審核官尋求意見。審核官可以自由選擇和「認同自己意見」或「反對自己意見」的另一位審核官一起討論。結果發現，依靠主觀判斷做決定的審核官，會刻意跟自己意見相似的人湊在一起；而根據客觀因素做決定的那一組，則更願意聽聽不同的意見或甚至反對的聲音，也更願意接觸其他觀點，以避免自己的偏見影響最後的決定。

研究結果顯示，如果某個主張看起來是以客觀事實為基礎，我們往往更願意傾聽，也會找機會在心裡思考不同於我們原有想法的意見。但如果我們一開始就認為某人的主張是出於主觀判斷，我們就不會想聽了。原因不難理解：當我們聽到某個主張背後有強力證據支持，就會自然而然想去瞭解，這樣才不會顯得我們很愚昧、很懶惰或很不合群，這是一種「預防心態」[20]，也就是預防

重點思維

雖然你可以表達主觀意見，但在你提出的想法裡，客觀事實的比重要很高。你還得解釋2件事：為什麼大家要放下過時的主流認知，以及接受一個更新、更棒的想法能夠有什麼好處。

自己的選擇對自己產生不利結果的心態。除了預防不利結果以外，我們會想要瞭解有客觀證據支持的主張還有一個原因，那就是我們也渴望為許多問題找到最棒的答案，而不僅是盡量避免犯錯而已，這種心態就是科學家所謂的「進取心態」。

必殺技四：為自己打造無私奉獻的勇士形象

前面章節我們討論了反抗者挑戰現況時會面臨的巨大風險。大家回想一下達爾文的前輩們各個下場淒涼，或者回想一下籃球球星張伯倫雖然短暫嘗試過姿勢很醜但命中率很高的蹲馬桶罰球法，但最後還是被羞恥感逼得回去採用帥氣、但命中率不高的老方法。要成為提出異議的反抗者，真的會使自己日子難過。不過這樣也有好處：當反抗者拿出很讚的想法努力說服他人的時候，會承受巨大的心理壓力與風險，但這些壓力與風險卻可轉化成反抗者的利益。

在針對刑事訴訟陪審員的實驗裡，研究人員發現「覺得多數意見不正確，但最後勇敢表達自己意見」的陪審員，在整個陪審團當中擁有更大的影響力。當少數陪審員提出不同意見，造成陪審團無法達成一致決議，多數方的陪審員難免會有人出言嘲諷，然而這些嘲諷卻會反過來幫助少數方。為什麼呢？因為多數方的其他成員看到少數異議者遭受抨擊時，反而會敬重這些異議者的勇氣[21]，並且花更多時間思考異議者提出的觀點，進而更願意採納異議者的意見。

但這不代表你只要當個「被欺負還很勇敢」的小可憐就能獲得最後勝利。如果多數方的論點也很強而有力，且有客觀證據支持，那麼主流派和異議派陪審員的說服力是相同的。必須在多數陪審員的論點本來就有漏洞的情況下，原本看起來處於下風的弱勢異議者才會因為別人覺得他們更有勇氣、更認真誠懇、更值得信賴，而擁有更強的說服力。

另外要注意的一點是：如果大家覺得某個異議者只是個愛唱反調的渾蛋，那就不會有人在乎這渾蛋克服了多少心理障礙才鼓起勇氣發言。

所以千萬記得，不要為了反對而反對。就算你是

重點思維

如果反抗者想要改變多數人的想法，可以藉由「發出勇氣信號」來博取他人信任，讓其他人看到你不惜背離主流也要站出來提倡新想法的勇氣，讓其他人看到你為此做了多少犧牲。

個異議份子，與你對立的多數方如果能提出有力的論點，你也應該表示肯定，這樣你才可以累積多一點的好感，未來你強力反對他人論點時，過去積攢的好感度就能助你一臂之力。

不過並非只有被謾罵、被嘲笑才會讓別人覺得你很有勇氣。研究人員發現，如果受眾發現異議者為了提出非主流思想而犧牲了許多財物，受眾就會更願意相信這些異議者。因為受眾會很驚訝（當然是好的那種驚訝），居然有人願意犧牲金錢財物也要表達不同看法，所以他們會更願意接納異議者提出的意見[22]。反之，如果提出異議的少數人明顯藉由「反抗行為」而獲利，那異議者就會完全失去他人的信任。某些重大事件的吹哨者原本看起來非常值得信賴，但如果眾人發現他因此賺了大錢，那就會瞬間失去影響力。多數方一直都瞭解這點，所以他們打擊批評者的常見方法就是設法找出批評者藉由反抗來暗中獲利的事實。

身為反抗者，記得要讓大家看到你做出的犧牲（但也不要賣慘過度，以免招來反效果）。你說話的時候不要怕讓別人看見你的緊張和脆弱，你甚至可以大聲說：「我也是千百個不願意才提出反對意見……」你可以讓大家知道你在發表不同的看法前甚至連覺都睡不好。不過如果你的觀點因此獲得影響力，切記不要得意，要繼續讓大家看到你真實付出的代價。大家都瞭解公開挑戰現狀很不容易[23]，所以你可以坦然訴說你一路走來有多麼不易，這麼做有助於增加你的說服力。

必殺技五：堅持理想，不可雙標，但對他人則應寬容

一九九四年，杜克大學的溫蒂．伍德（Wendy Wood）博士利用強大的統計工具[24]，整合一百四十三個實驗的成果，這些實驗都是在研究少數人如何發揮影響力、能發揮多少影響力（沒錯，科學家已經研究這個議題好一陣子了）。統整這些研究成果後發現，弱勢群體如果想擁有強大影響力，最好的策略是：不論時間如何推移，自己提出的想法或作法必須始終一致；如果少數反抗者中有人向主流屈服或是說法前後矛盾，那就玩完了。反抗者的立場或想法必須一路走來始終如一，這是反抗者是否能改變他人想法最關鍵的因素。

為了帶來改變，你必須對自己的思想和作法深信不疑。尤其是如果你想帶來

的改變看起來很困難，大多數人就會找理由，不想讓改變發生，例如「異議者自己的立場都搖擺不定」或「異議者自己看起來都沒什麼信心」。然而，若觀眾發現某個反抗者百分百貫徹自己提出的思想或作法，那麼他們就會忍不住欽佩。這個現象的原因跟必殺技四提到的心理機制有關，若反抗者堅持完成使命從不屈服，過程中他們很有可能會被迫害或付出其他代價，當眾人意識到他們為理想抱負做出的犧牲，就比較有意願傾聽或接納他們的想法。然而我們之前也提過，縱使你對自己的想法再怎麼有信心，你也不能逼別人非得接受你的看法，以免引起恐懼、嚇跑觀眾（見必殺技二）。那要怎麼樣才能堅忍不拔地守護並貫徹信念，但又不嚇跑觀眾呢？答案就是：嚴以律己（自己務必一路走來始終如一）、寬以待人（不要用對待自己的嚴苛標準，去對待別人）。

身為反抗者，追求重要目標時一定要堅守自己的立場、想法、心態，而且和

重點思維

有些事情對你來說可能重要到你不惜為它失去生命，但對別人來說就不一定了。你要認清不同事情在不同人眼裡有不同的重要性，這點真的要切記切記。

你同一立場的成員們也要與你保持同一陣線，任何一人叛逃，都會大大降低反抗者的信用。但這麼說不是要反抗者「寧折不彎」，其實在比較不重要的議題上，反抗者的身段可以軟一點，對於守舊派的觀點，你可以挑個有點道理的勉強肯定一下（研究發現，你的小小妥協往往能促使對方投桃報李）；你也應該真心替守舊派著想，想想你追求的改變會迫使他們付出多少努力和代價；你應該設法讓守舊派覺得跟你互動很愉快，要充分展現你對他們的尊重。如果能做到以上這幾點，你就會和研究人員一樣發現：你付出的這些努力會讓他人漸漸接受你的觀點，也讓他們更加欽佩你堅持到底的精神[25]。

改變可以發生——只要你願意

我們在這章看到，反抗者想要吸引他人關注自己的論點時，無須瘋狂搖旗吶喊。近年來有很多科學證據指出了方法，讓反抗者可以如何提升影響力，讓自己更有機會改變守舊的主流派觀點。這些方法包含：讓自己與受眾是「同一國的」、引起觀眾的好奇心（而非恐懼）、清楚表明自己的信念是基於客觀事實、為自己打造無私奉獻的勇士形象、適當放軟身段。以上這些都不算困難，我們只要在表達不同想法的時候，設身處地為觀眾著想，依據他們心中的擔憂和需求來微調我們的表達方式。

不過你就算運用這些有科學研究證實的方法，也不保證一定成功，你還是有可能使出渾身解數後仍無法達到預期效果。但不要放棄啊！你帶來的影響可能比你知道得更深遠。改變，是一段緩慢而持久的過程，當別人在思考你說的話或提出的想法，改變就已經悄悄發生。接觸到新想法的時候，很少有人會立刻拋棄既有的思想，立刻張開雙臂擁抱新思維。大部分的人表面上還是會堅守現狀，但他們的心裡已經有懷疑現狀的種子，正在慢慢萌芽。人必須跨過心裡那座大山才可能改變根深蒂固的認知，尤其當我們身處的社會已經告訴我們該相信什麼、不該相信什麼、該喜歡什麼、不該喜歡什麼，我們就更不容易跨過心理關卡做出改變。一般人面對新想法26，最初反應不會是完全支持或完全反對，而是一種介於中間的矛盾心態——同時感到抗拒又好奇、困惑又難過，也可能一方面感到失望但又偷偷懷抱著希望。

這種複雜的矛盾心態也不是壞事，當多數人接觸到可能發生的改變，自然會覺得不安[27]，他們必須仔細衡量改變可能帶來的利弊之後，才會感到比較安心。身為反抗者，你應該適度削弱守舊派對於舊有思想或制度的信心，當他們對於現況沒那麼有把握的時候，就有可能願意傾聽和思索你的想法，以免未來後悔莫及。隨著時間過去，眾人矛盾心態會逐漸消失，想法和行為也會逐漸改變，這就是科學家所謂的「睡眠者效應」[28]。研究人員發現，反抗者提出超乎大家預料的異議思想後，大家會對這種想法感到猶豫，而這種猶豫的心態，就是改變的起點。等到心懷猶豫的人認為自己已經有足夠知識來判定新想法是好是壞[29]。然後因為有這少數人提出的異議，接下來有些個人、群體，然後到整個社會就會成長、會進步[30]。

身為反抗者的你一定很希望你的努力可以立竿見影帶來改變，這點可以理解，但改變通常不會立即發生。改變是一段緩慢而長期的過程，因為多數方擁有權力，往往能逼著其他人聽話，但他們只能強迫別人遵守舊規矩，沒有新想法，自然無法從更深層面改變他人。可是反抗者不一樣，他們有改變多數人的潛力。起初反抗者們可能只是默默削弱主流派仰賴的信念架構，等到有些主流派成員開始檢視反抗者提出的想法，他們有可能越來越認同這種來自少數人提出的異議，尤其當客觀證據越來越多、反抗者們所思所言似乎越來越可信，反抗者就能發揮更大的影響力。接著眾人的行為會開始改變，一開始只是很細微的改變，但接下來改變會越來越明顯。少數反抗者就這樣一點一點地讓更多人接納他們的新觀點。

研究已經證實了「群體內的少數」有能力影響整個群體，甚至改變多數人最初的決定，然而這個改變並非發生在少數人提出不同意見的當下，而是得過一段時間，等眾人完全消化原本難以認同的訊息之後才會發生[31]。就像我們聽到動保人士呼籲廢止動物試驗，我們大概也不會當天深夜就跑去某個做動物試驗的香水公司實驗室扔汽油彈。但我們會先傾聽，然後思考，接著開始抵制做動物試驗的香水品牌，並公開譴責收錢幫這些品牌打廣告的電視節目和網站，最後我們會投票給承諾努力終止動物試驗的政治人物。改變就是這樣環環相扣、緩緩發展，看似不著痕跡卻也難以阻擋。

身為提出異議的反抗者，你一定要堅強。每個人反抗的結果都不同，你的種族、性向、性別、以及外顯個性都有可能影響他人如何解讀你的想法。不要妄想大家都會喜歡你，要準備好長期抗戰。你的目標是促使社會慢慢進步。請把這章提到的五大必殺技視為名家攻略照著執行。主流思維是可以慢慢改變的，只要理想型反抗者的行動逐漸深植人心，我們就離更美好的世界更近一步。身為反抗者，引領改變是你的使命，也是你的特權，所以勇敢地接下任務吧！

不過有個好消息告訴你，你不用單打獨鬥。為了增加成功機率，你可以招募一群戰友與你並肩作戰。下一章會討論你可以用哪些策略來招募神隊友，近年來已經有科學研究探討理想型反抗者要如何「最佳化」自己的人際關係。如果你想要推翻目前某個謬誤百出的主流思想，這些研究的成果可以提供非常實用的建議。

不服從成功要訣

1. **先用心和你的受眾打好關係，打入他們的群體，肯定這個群體的常規，認同群體身份**，這麼一來你就可以獲得社會學家所謂的「性格信用」，積攢文化成本。未來當你提出不同的想法時，你就可以「花費」這些文化資本來換取支持以及被傾聽的機會。

2. **發出勇氣信號**，讓眾人看到你為了背離主流，做出了多少犧牲。當然啦，不要賣慘賣得太過火，否則會有反效果。

3. **不要妄想所有人都會立刻驚豔於你的奇思妙想**。一般人面對新想法的時候，通常不會立刻支持或反對，而是產生一種介於其中的矛盾心態。身為異議者，你應該試著削弱守舊派對於舊有思想或制度的信心，當他們對於現況沒那麼有把握的時候，就會願意試著接納你的想法，以免後悔莫及。

第五章 招募可靠盟友

與主流派對抗時，如何找人幫你分擔一點壓力

在一個晴朗明亮的週日清晨，而你正要展開一趟三天的深山健行之旅。不過你是爬山新手，而且不擅長任何運動，除了從家裡沙發走到冰箱再走回沙發。事實是，你不喜歡運動，只不過醫生說你膽固醇太高了，得靠運動讓膽固醇降下來，所以你現在才千百個不願意地來爬山，想讓自己健康一點。你買了新的登山靴、抗紫外線的衣服、帶了一個背包，內有十五公斤的食物和三種防蟲噴霧。你覺得自己已經準備好了。這樣真的就準備好了嗎？才剛走到山腳下的起點，你驚恐地發現眼前是座巍峨大山，你要怎麼背著十五公斤的背包征服這座巨獸，撐過

接下來的三天呢？

本書的主題不是爬山，但我可以分享非常有用的知識，讓你不管碰到任何難關——包括挺身反抗主流——都變得比較容易。維吉尼亞大學的丹尼斯・普羅菲特（Dennis Proffitt）博士曾做過一個非常有趣的研究：把一群受試者帶到山腳下準備爬山，然後研究人員發現受試者在爬山前都會嚴重高估山的陡峭程度以及該座山的難度。雖然山與平地的夾角只有十度，但在受試者眼裡卻有三十度這麼陡[1]。接著研究人員請受試者揹著負重的背包走向該座山，此時受試者眼裡的山變得更陡了[2]。當體能不好的人靠近這座山時，明明山坡爬升角度一樣是十度[3]，但在他們眼裡，整座山就是變得陡峭許多。

這種錯覺來自於大腦在我們進行任何活動前所做的「預算」。為了生存，多年的演化告訴我們的身體，要盡可能節省能量。所以我們不管做什麼事之前，大腦都會計算做這件事需要用掉多少能量、如果改做別的事情又會用掉多少能量。因此，大腦讓我們覺得「山看起來比實際更陡峭」，目的是想勸誘我們去做別的事情，不要讓自己這麼累。事實上，「偷懶」是我們人類的生存秘訣（當過老闆的人應該很明白這點）。

偷懶還有另一個相當有趣的面向：普羅菲特接著請爬山的受試者找一個自己信賴的好友陪在身邊之後，再望向原本那座山。神奇的是，這次受試者主觀意識中的坡度降低了百分之十三，而且他們爬山所消耗的能量比沒有朋友陪的人還要少。也就是說，還沒真正的開始爬山，爬山這項體能挑戰就變簡單了[4]。光是自己信賴的好友陪在身邊，就能改變受試者的感覺，且讓他們更有信心克服爬山這項體能挑戰。這樣的實驗結果並不稀奇，因為其他研究也有類似發現：有項研究發現如果人在有朋友陪同的情況下碰到一名大鬍子恐怖份子拿槍指著他們，跟孤身一人面對威脅的受試者比起來[5]，有朋友陪同的受試者會覺得那位恐怖份子沒那麼高大魁梧、也沒那麼可怕。

我們面臨考驗和磨難時，朋友是不可或缺的幫手，這也和我們大腦天生的設定有關。我們常會想依賴朋友，因為這樣我們才能偷懶以節省力氣。雖然這聽起來不太光彩，但我們的確會根據「社會基線」——也就是我們身邊有哪些可靠的社會關係，來決定要投注多少自身的心力在某件事情上。要做一件事之前，我們會在心裡快速掃瞄自己的社會關係網，判斷有沒有人能幫我們，如果有的話，我們之後的表現就有機會大加分。大腦會把我們的盟友視為另外一雙手和另外一組腦葉[6]，來協助我們應付心理、體能和社會方面的挑戰。呼！這樣我們就可以輕鬆一點了！事實上，我們大腦會把「朋友」解讀成我們「自己」的一部分，如果有朋友在身邊，我們會自然而然認為朋友會幫忙分擔一些工作，大腦就可以少消耗一些能量，所以我們是貨真價實地從自己信賴的盟友身上取用我們所需要的能量[7]，這種說法不僅是一種比喻而已。

對抗現狀制度以及說服眾人接受新思想，這點就跟爬山或是面對恐怖份子一樣[8]，都必須耗費大量心神來克服難關。如果我們身邊有信賴的盟友，就可以減輕一點壓力。可靠的朋友有很多功能：有些朋友會提醒我們表達想法時應該要從其他人比較容易認同的觀點講起；有些朋友會在我們表達想法時給我們一個令人安心的微笑，或是對我們點點頭表示鼓勵；有些朋友會幫我們反擊我們沒預料到的批評。有好夥伴支持，我們就不用自己包辦所有事情[9]。既然朋友有這麼多好處，那麼接下來的問題就是：身為反抗者，我們要怎麼找到最有可能幫助我們的盟友，並且與他們維持好關係？科學為我們歸納了三條基本原則。

原則一：充分利用你的社會資本

身為提出異議的反抗者，你一定要慎選隊友[10]，有時甚至不要聽從直覺。直覺可能告訴最佳盟友就是大人物，他們有權有勢，財力雄厚，要不然就是有辦法取得別人沒有的重要資訊。沒錯，有錢有權的大人物的確是非常不錯的隊友，尤其如果你正在苦思如何讓多數人接受你的想法，那麼在大人物朋友的豪華大遊艇（還配備按摩浴缸）上面擬定計劃，應該會特別愜意。然而科學研究指出，最佳的神隊友是能提升你智商和情商的人。他能提供精闢見解和智慧嗎？能刺激你提出更好的問題、幫助你解決困難、幫助你充實自我嗎？具備這些

重點思維

要改變世界你不需要孤軍奮戰，你應該招募值得信賴的盟友來助你度過重重難關。

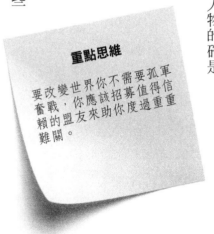

特質的人，才是你需要的隊友[11]，他們有多少錢或權則不是你要考慮的重點。如果你要對抗主流、改變現狀，你就需要透過結交良朋密友，來達成自我擴展。多閱讀內容有根據的書籍，也有利於自我擴展[12]。同理，觀看優質紀錄片（例如Imposter[13], Spellbound[14] Searching for Sugar Man[15]等）也有益於自我擴展。可是自我擴展最快、最有效的方式，還是透過人際連結[16]。

值得注意的是，上述建議其實在告訴反抗者：要找與自己不同的人當隊友。如果有個人跟你的飲食、閱讀、音樂聆賞習慣都相近，而且也在相同的社交圈，那你們的思考模式會很接近，雖然找這樣的人當盟友可以讓你常常覺得獲得認同，但這樣無法提升你的能力。你聽過有句俗話說「英雄所見略同」嗎？其實真正的英雄之間，才不會所見略同，真正的情況是：英雄所見大不同。

此外，你應該要找能夠協助你管理情緒的隊友。張伊蓮（Elaine Cheung）博

重點思維

你應該要有跟你互補的人來當夥伴。你的隊友應該要能夠鼓勵你、刺激你，還能給你一些啟發。理想的隊友應該能時不時給你驚喜（而不是驚嚇），因為他們能讓你接觸到嶄新的思想和觀點。

士曾提出「情緒關係」的概念17：若你的朋友能幫你調節某一種情緒，那麼你們之間就是一種情緒關係。如果你能找到越多的隊友來幫你調節各種不同的情緒，你對生活就會越滿意；生活順心以後，你的反抗任務才更有可能順利。因此，你找的夥伴對你來說應該要像密西根大學金・卡梅倫（Kim Cameron）博士所說的「淨值正能量充電站」18，跟這樣的朋友相處就像在充電一樣，和他們互動一下就能幫你充飽正能量。千萬不要找那些不只無法幫你充電，還會讓你缺電的人當隊友，跟這種人相處會讓你覺得悲觀，想要縮成一顆球躲起來再也不接觸人類（而且你這顆球可能還會藉酒消愁）。當你奮力對抗那些掌權者、拒絕改變現況的權威人物，你會希望身邊的夥伴能隨時為你提供正能量，而不是像負能量發電廠一樣扯你後腿。像正能量充電站的隊友會關心你的想法感受，會和你培養交情，會實踐對你的承諾；不僅如此，他們也能敏銳地察覺到新的想法或作法，跟你意見不合的時候不會一味反對，而是會好奇你為什麼會有某些想法；他們會鼓勵你去嘗試、去冒險、去創新。在個人成長的路上，這樣的朋友就像能量飲料一樣讓人隨時精神百倍，所以記得在你奮鬥的路上，也要給自己來幾瓶好友正能量飲料。

情緒關係測試

你生活中會經歷許多種重要的情緒。這些情緒，有人可以幫你調節嗎？你的人際關係網絡裡，誰總是能做到以下幾點呢？

- 讓你重新打起精神
- 幫助你恢復活力
- 安撫你的情緒，使你平靜
- 讓你回歸兒時的純真
- 當你難過時，會安慰你
- 陪你對抗壓力
- 讓你笑口常開
- 能與你進行深度的智識對話

希望你的朋友可以用上述的方式支持你，或許不必每一點都做到，能做到一兩點也很好。雖然你獨自一人也可以反抗現狀，但如果你有一群各有特色的夥伴，具備不同的情緒調節能力，還能提供你各種正能量，那你的反抗之路就能走得順利很多。

你的朋友是「正能量充電站」嗎？

他們與你交流時，會真心關心你嗎？充電型朋友與你交流時不會敷衍了事，而是會真心關心你的想法、感受和興趣。

他們是真心與你培養交情嗎？充電型朋友會真心與人交流，而不是只把他人當作達到目標的工具。

他們重視承諾嗎？最討厭的就是給出承諾又跳票。充電型朋友絕對不會這樣。

他們是不斷尋找新的機會，還是只看得到眼前的限制？充電型朋友不會鄙視你的新點子，他們會這樣說：「你說的沒錯，而且……」

與人意見不合的時候，他們會好奇對方的想法，還是拼命捍衛自己的想法？充電型朋友並不想贏得爭執，反而會反省「也許我不是每件事都懂」。縱使他們堅守立場、據理力爭的時候，也不會讓對方心生反感。

他們是否適當、正確地使用自己的知識和技能？充電型朋友不會為了展現自己有多聰明，而急著下指令該這樣做，也不會在對話中一直講而不聽別人的話。他們願意透過協作，使得各種新點子有呈現的機會。

他們是否做事一成不變，還是根據不同人事物找出最佳應對方式？充電型朋友不會強迫他人接受他們的想法，而會透過討論與擬定計劃，讓每個人都有機會貢獻。他們還會思考如何調整計劃，以符合其他人的和需求，讓大家的潛能充分發揮。

要找到能幫助我們擴展特質和能力的隊友並不容易，光是要展開一段有助於自我擴展的關係（可能是愛情、友情等等）就很困難了。我自己做的第一個學術研究，就是想探究人選擇伴侶時會不會選擇跟自己不同的人，而不是一直選擇跟自己類似的人[19]。我和團隊利用一個模擬交友網站來測試兩組受試者。受試者會在網站上看到許多人的自我介紹，有些人跟他們擁有同樣的興趣和價值觀，有些人則擁有完全不同的嗜好和個性。

結果發現：如果我們告訴受試者網站上有個很棒的對象對他們的自介很有興趣，想要認識認識，那麼這些受試者就比較希望對方是跟自己不一樣的人；如果我們沒有告知受試者有哪個很棒的對象對他們有興趣，他們必須自己在網站上挑選對象，那受試者幾乎都會選擇跟自己很類似的人。我們人類非常渴望被他人接納，這份渴望遠超過我們對自我擴展和自我探索的渴望。

所以當我們想尋覓關係，但又不確定別人會不會接納我們，我們通常會放棄自我成長的機會，盡可能結交跟自己很相似的人以增加被接納的機率。但如果我們心中沒有這種「不確定」，或者我們剛好自我感覺超級良好所以一點都不擔心自己被拒絕，那我們就會努力結交跟自己很不一樣的人，這樣的人才能幫助我們學習和成長。

如果我們覺得某人很迷人風趣，但他卻不喜歡我們，我們心裡所受的傷會特別重，而且特別難治癒，所以我們常會因為害怕受傷而不敢冒險結交跟自己很不一樣的人。

此外，大家或多或少會有點社交焦慮[20]，如果我們主動示好，但對方卻表現得很不屑或很冷漠，我們也會很受傷。然而各位要知道，社交焦慮是很正常的反應，尤其在跟他人結識初期，大多數人都會感到焦慮。如果你正在找陪你一起反抗主流的夥伴，卻很害怕被別人拒絕，那你可以先等等，等自己調適好心情，沒那麼害怕以後再去結交看起來很棒的夥伴；或者你也可以把心一橫，就算很害怕還是鼓起勇氣向你的神隊友人選示好。其實不要想太多，做就對了（下一章有更多克服焦慮的方法）。你要做的心理準備就是花五分鐘想想：自我擴展能帶給你那些好處。

研究顯示，如果你仔細思考自我成長的好處，你就比較有動力跟不熟悉的人互動[21]，並努力度過一開始最焦慮尷尬的階段。要招募到神隊友與你結盟，你必須先放下驕傲，勇敢踏出冒險的一步，設法找到合適的人與你並肩作戰。

放下你的驕傲，把握成長的機會！

不同於只在乎虛名的人，重視自我成長的人，會把與陌生人交流的機會視為一個有趣的挑戰，也是增長見聞的絕佳機會。所以你要把握機會，向不同背景、不同經歷、不同專業知識的人學習。每一次接觸新朋友或新思想，都可以幫助你更成熟、更有能力。

選擇權在你手上。與其拼命向所有人展示你的才華和知識，不如努力提升自我，這樣你才會更強大，更有智慧，大家也會發現你比過去更可愛，更有魅力。[22]

原則二：患難中會建立真感情

一旦你發現值得結交的盟友，你就必須努力跟他們建立緊密的關係，而最好的方法就是找機會跟他們「共患難」。麥克爾・阿蓋爾（Michael Argyle）和莫妮卡・韓德森（Monika Henderson）博士整理了大量關於人際關係的研究後，歸納出真摯友誼的六大特色[23]，也就是說真正的好朋友應該有以下六大特點：

第一，當夥伴需要鼓勵或安慰時，好友會陪伴在旁；

第二，夥伴需要幫助時，好友會主動幫忙；

第三，若夥伴遭受不公平的待遇或批評，就算當下他人不在現場，好友也會以實際行動力挺；

第四，好友會真心信任夥伴，對夥伴傾訴真實想法；

第五，好友總會努力讓身邊的夥伴開心；

第六，好友會跟夥伴分享勝利和成功。

如果違反以上原則，那麼友誼的小船可能差不多要翻了。但值得注意的是，前四項都跟「快樂」無關，而是在說夥伴遭遇困境時能給予陪伴、用心理解對方的感受、幫對方阻擋外來的抨擊——這四項特質，能夠在你和夥伴一起面臨挑戰時，幫助你們度過難關；而最後兩項也是在說你和夥伴一起度過難關後會做的事情。當你遭逢困境，你會希望有人在你身邊關心你；在你克服困難後，你也會希望有人與你分享成功的喜悅。

其他研究也發現，只要是群居動物都會透過痛苦來建立聯繫[24]。如果我們是朋友的話，你的痛苦就是我的痛苦。實驗證明，當我們看到朋友感受痛苦，我們大腦裡處理痛苦的區域也會激活起來。共同經歷患難，不止代表著兩人關係緊密，也是促使兩人關係變得更密切的好時機。大多數人認為我們與他人應該先有互信，之後才能在對方面前展現自己的缺點、不安全感和痛苦，但事實上這順序應該倒過來。我和派翠克・麥克奈特（Patrick McKnight）、席夢・麥克奈特（Simone McKnight）、麗莎・亞歷山大（Lisa Alexander）三位博士發現：我們和他人共患難的過程中會很自然對彼此產生信任[25]。當我們不確定自己是否能做到某個重要的目標，而且覺得自己無法孤軍奮戰，我們就會對他人產生信任。因此，我們必須先展現自己的脆弱，才能與他人互相信任。

患難與共的經驗讓人可以更快建立深厚感情。在一項研究裡，研究人員把一群彼此不認識的人分成兩組，A組的人必須一起經歷一連串艱鉅任務，B組只須合作完成一些不費力的工作，最後發現跟B組比起來，A組受試者覺得自己與同組組員的感情更好，而且共患難的夥伴通常更加合作無間[26]。其他實驗發現：跟沒有一起經歷困境的組別比起來，共患難的組別成員彼此有更頻繁的眼神交流，也更常幫助、鼓勵和安慰彼此[27]。其實在實驗室外處處可見這類現象，例如一起撐過海豹部隊超高強度基礎水下爆破訓練的官兵，他們的感情會在為期二十四週的訓練中變得非常緊密，好到即使過了幾十年，他們還是會去

重點思維

如果你想招募夥伴陪你完成大業，那就不要怕跟對方一起共度重重難關和艱困時刻。盡量找機會跟對方共患難。雖然在他人面前示弱並不容易，但這麼做會讓彼此交情更深厚，也更有勇氣面對難關。

參加同袍的婚禮、葬禮或是慶祝同袍家裡的新生兒誕生。同樣地，若企業組織一起參加過充滿辛酸血淚的領袖訓練課程，結訓後幾乎都能發展出長久的友誼[28]。

哲學家艾倫・狄波頓（Alain de Botton）寫道：「想想真的很心酸，我們往往費盡力氣在別人面前表現得很厲害、很強大，然而一直以來，卻是在我們顯露尷尬、悲傷、憂鬱或焦慮的時候，別人才會真正認同我們，兩個陌生人才有機會成為好友[29]。」

原則三：異中求同，同中存異

找一個夥伴是一回事，而找一群夥伴來建立一個團隊完全是另一回事。你要怎麼整合團隊才能讓每個人都能勇敢做出貢獻呢？

社會心理學家瑪麗蓮・布魯爾（Marilyn Brewer）主張，人除了以自己本身的特質和能力來定義自己，也會以自己在社會群體裡的定位來定義自己。當我們努力尋找自己在群體裡的定位，我們心裡通常會出現兩種相互矛盾的需求。第一，人在群體中，一定會希望自己能融入群體、找到歸屬感；第二，我們希望自己是不可取代的，自己與群體其他人不同。我們希望自己擁有與眾不同的人生經歷、擁有與眾不同的個性，我們想要保持自身的獨特，在群體中貢獻自己獨特的觀點、經驗和優勢。雖然在群體中找到歸屬感很令人安心，但我們永遠不會想放棄自己本來的樣子、自己的思想、或自己在乎的人事物。

如果你想鼓勵你的團隊打破現狀，你就必須同時滿足他們心裡這兩種矛盾的需求[30]。一方面，你要讓你的夥伴在團隊裡有歸屬感，讓他們知道人往往過於擔心自己能否融入群體、能否在群體中找到穩固的定位，你要說服他們這是很正常的心理現象（太多人習慣隱藏的自己不安），你甚至可以拿出一些客觀數據來證實你所言非虛：例如，研究顯示有百分之三十四的人對社交生活感到有點不滿或非常不滿[31]；五分之二的人表示自己沒有任何親密好友[32]；還有一份研究調查了兩萬零九十六名十八歲以上成年人[33]，結果有超過一半的受訪者表示沒有人真正瞭解他們！研究人員還問了來自五十二個國家的十四萬八千零四十五名青少年，他們有多常感到寂寞[34]，有百分之十的青少年表示在過去一年內他們大多時候或者根本無時無刻都在寂寞中度過。用這些數據告訴你的夥伴：會擔心自己能否融入團隊實在再正常不過，他們並非異類。當你的夥伴解決心中的不安後，他們才能進一步思考如何一邊融入團隊、一邊保持自我的想法和特質。

有一個超有效的方法，可以在群體中獲得歸屬感，那就是和其他成員聊聊彼此都有共鳴的事。你們可以聊聊過去，找些可以立刻引起共鳴的經驗，過程中再問一些問題讓氣氛更融洽，例如「你小時候都跟最好的朋友玩什麼？」、「你小時候有什麼興趣？有沒有什麼人或事物特別讓你著迷？」、「你還記得小時候曾經做了什麼特別的事情所以被稱讚或被懲罰嗎？」、「如果人生的某一刻可以重來，你會重來哪一刻？為什麼？」除了聊過去，當然也可以聊聊現在，一樣可以透過發問來開啟對方有共鳴的對話，例如可以問「你覺得朋友對你來說的意義是什麼？」、「如果你只剩一年可活，你會希望生活中哪些事情保持原狀、哪些事情必須改變？」、「你有沒有經歷過你原本以為很失敗、但最後卻變成寶貴經驗的事情？」當然，也不要忘了聊聊未來各種可能[35]，例如「你如果中了樂透頭獎你會做什麼？」、「有沒有什麼事是你早就想做但到現在還沒做過的？而且你為什麼還沒做呢？」

這些問題能幫你開啟對話，找到夥伴們的共鳴點，並提供歸屬感。要注意的是，這類對話的目標不是要炫耀自己的經歷，而是要讓夥伴們更清楚大家都屬於同一個群體（而且可能在某些方面大家都有共通點）。為了讓你的異議之路走得更順更遠，你可以盡量利用以下技巧來穩固你與夥伴的關係。

提供歸屬感十八招

1. 要對別人好，而且要比對方預期的更好。
2. 要懂得傾聽。但高明的傾聽是不只是聽對方說話，還要帶著好奇提問[36]，例如「還有呢？」「你覺得為什麼會發生這件事？」「如果可以重來一次你會怎麼做？」
3. 問了問題以後，要認真聽對方回答。
4. 和他人談話時，盡量讓氣氛熱烈起來。

5. 不要問對方你該怎麼幫忙，幫就對了。
6. 如果對方很努力想逗人笑，記得要配合跟著大笑，至少給個微笑。
7. 跟對方講話之前，把手機先收起來。
8. 跟他人相處時，就不要理會來電或訊息。
9. 跟別人說話要專心，就算有其他人經過，你的眼神也不可隨便飄移。
10. 有時可以找機會耍笨搞笑（即使只是發出一些怪聲）。
11. 與人相處時，請坦率說出對方讓你很喜歡的特質。
12. 詳述對方曾經做過什麼你覺得很棒的事情。
13. 大方說自己做很開心或很有意義的事情時就會想到對方。
14. 分享你覺得對方會有興趣的知識。
15. 講笑話很好，但不要講損人的笑話。
16. 當對方分享他們比較奇怪或罕見的特質或思想，你應該以開放的心態看待。
17. 分享一些對方可能有興趣的深度話題，例如你的渴望、忌妒、悲痛、懊悔和夢想。

18. 大方展現你因為對方而產生的正面情緒，例如別人讓你開心，你就大方表現開心，不要太矜持。

當你的團隊終於成為相親相愛的大家庭後，別忘了你還要滿足夥伴們另外一個心理需求——讓他們保有獨特的自我。你應該一開始就表明，你很歡迎任何人表達與眾不同的想法，強調「異類」在團體中的價值，提醒大家有時就是得靠異議份子來阻止團隊犯錯，或是來提升團隊表現（例如提供與眾不同的解決方法和新穎的想法）。但切記：不要只在團隊成立之初說些歡迎大家提出不同想法這種客套話，平時也要積極肯定某些成員獨特的想法所做出的貢獻，這樣一來，大家才會踴躍提出自己獨特的見解，你的團隊也才能擁有異議帶來的強大力量。在你所打造的團隊文化裡，每個成員都應該時時思考：我的所見所聞所想和大多數人有何不同？我的觀點、思維和價值觀和與我同性別、同種族、同年齡以及同政治立場的人又有何不同？

當你問某個團隊成員他和其他成員有什麼不同，這個問題就足以刺激該成員脫離多數人的思維束縛，力求表現出自己的特點[37]。還有另一個方法也能鼓勵成員保有獨特的自我——那就是在生活中看似不重要的層面讓大家看到你的不同[38]。有的矽谷大老穿著牛仔褲和棉質帽T就前往國會聽證，有的哈佛商學院女教授明明課堂上穿著昂貴的高級訂製套裝，依舊要在一個小小的地方顯示自己的不同——她腳上穿的是和套裝格格不入的紅色運動鞋[39]。你可以鼓勵成員公開表達自己在音樂、書籍或是podcast節目的喜好，你所打造的團隊文化應該要讓每個人習慣追求多元思維，而且大家都認定必須要有多元思維團隊才能做出最佳決策。

重點思維

若我們能幫助成員找到歸屬感又保有獨特的自我，這樣不只幫助他們成長，也能鼓勵他們不斷做出貢獻。你必須關心夥伴們的心理狀態和行為的變化、注意團隊氛圍的改變、關注團隊的成功和失敗。

勇敢走上沒人走過的路吧！

很久以前，美國電視史上曾經出現驚人的一

刻——星艦「企業號」帥氣瀟灑的寇克艦長和美麗迷人的通訊官烏瑚拉接吻！這是一九六八年的《星際爭霸戰》，扮演寇克艦長的是白人威廉．薛特納（William Shatner），而扮演烏瑚拉的是黑人妮雪兒．尼柯斯（Nichelle Nichols），兩人的螢幕之吻可是美國電視劇裡首次跨種族之吻！現在大多數人對於不同人種接吻已經司空見慣，但在當年，黑人爭民權的戰火燃燒正旺，所以這一幕引起非常巨大的爭議。這部影集播出的前一年，美國最高法院才剛做出判決，南部十六州不可立法禁止跨族婚姻，許多保守派憤恨不已，所以這幕吻戲極有可能引發強烈反彈，尤其會讓南部人很不爽。

那麼這兩位演員是怎麼扛起巨大的壓力、鼓起勇氣完成這驚世一吻呢？薛特納有一些朋友非常鼓勵他演出這場吻戲。然而，飾演烏瑚拉的妮雪兒才成名不久，而且還是黑人女性，如果她演出這一幕可能得付出更大的代價。還好當年的民權領袖馬丁．路德．金恩博士鼓勵她繼續演出影集。她回憶起與金恩博士談話的時候：

他說：「妳不要放棄這個角色。這是上天賜予的大好機會……妳會永遠改變電視劇的常態，因為妳扮演的這個角色其實不是黑人，也不是女性，原本任何人都可以來演這個角色，無論是白人還是其他有色人種的男性女性都可以演，這個角色的人設甚至可以是克林貢人或其他外星人……這個獨特的角色正好在這個獨特的時間點為我們帶來活力，讓我們更有力量爭取平權……」我當時心想，從沒人跟我說過這些話啊……然後金恩博士又說：「還有，妳不瞭解電視的力量有多大，它讓世人看到未來科技和文明的樣貌，在觀眾心中創造了一個真實的未來世界。正因為故事發生在二十三世紀，而妳又是首席通訊官、星艦上的第四號人物，還負責一項為期五年、從來沒有人執行過的任務，這象徵著我們現在所做的努力只是一個開始，我們才剛起跑一小段路，只要我們繼續努力，未來世界就會跟影集裡一樣平等，所以妳不可以放棄這個角色。」[40]

打破現狀是一件很累的事，還需要大量的資源。如果我們有朋友在身邊支持、鼓勵、傾聽我們的擔憂和恐懼、與我們患難與共，那麼再艱鉅的任務也會變得容易多了。我們不只能獲得更多成就，我們也會因為擁有這麼多好夥伴而變得更快樂，心靈更富足。然而，雖然朋友對反抗者來說很重要，但朋友能幫的有限，反抗者自己的心理素質也要夠強大才能堅持下去。若你知道你未來要走上一條既漫長又充滿險阻，而且還不確定通往何方的道路，你會怎麼調適心態呢？答案是，培養超強抗壓力。下一章我會介紹幾個由科學背書的超有效技巧，幫你建立優異的心理素質。

不服從成功要訣

1. **找幾位並肩作戰的夥伴**。如果你身邊的夥伴具備你欠缺的能力、擁有你沒有的優點、可以填補你的盲點，你就可以藉由他們加強自己各方面的能力，讓他們分擔你的工作，一起對抗主流。

2. **藉由展現自己的弱點，與夥伴建立互相信任的關係**。人在共患難的時候特別容易對彼此產生信任，所以如果你希望招募夥伴，你必須先和對方一起應付困難的挑戰，度過艱難的時刻。這些患難與共的經驗可以讓你們的關係更緊密。

3. **你在建立反抗者聯盟的時候，要關心每個成員內心矛盾的心理需求**。一方面你要協助夥伴在團隊中獲得歸屬感（求同），另一方面你也要鼓勵他們展現獨特的自我（求異）。你要清楚告訴隊友：對團隊最有貢獻的成員通常是敢於提出不同想法的成員。此外，你要經常注意夥伴求同和求異的心理是否達到平衡，你持續的關心和協助會讓夥伴更有動力為團隊做出獨特貢獻。

第六章　培養強大心理素質

走在反抗的路上，面對他人的蔑視、排斥時如何調適

前幾章談了反抗主流之路有多艱辛，但如果你真想知道反抗現況需要多大的勇氣，不妨聽聽瑪莎・戈妲（Martha Goddard）的故事。一九七〇年代的美國，性侵受害者鼓起勇氣報案後，警察卻根本不知道該如何處理。事實上，當時的警方不僅不會立即提供受害者一個安全的避難所，還會羞辱受害者，要不然就是根本不當回事。處理物證也非常馬虎，經常阻礙刑事案件的成立和審理。在調查過程中，警方會直接拿剪刀剪受害者的上衣，導致物證時常受到汙染；調查人員也常不小心破壞從毛髮、汗水、精液裡取得的DNA樣本。此外，警方叫女性受害

者脫掉上衣和內衣褲後，會讓受害者穿上一種紙做的拋棄式連身衣，然後受害者就得穿著這件特殊連身衣被警車載回家——這簡直是在對受害者的左鄰右舍廣播受害者遭遇了性侵。醫院急診室的處理也沒好到哪裡去，受害者被送醫時往往遭受到冷漠的對待。當時的情況糟糕到很多女性甚至勸告朋友就算遭遇性侵也不要報警或就醫，因為警方和醫院只會對她們造成更多心理創傷。

戈妲是幫助問題青少年的第一線人員，協助許多無家可歸、有自殺傾向、濫用藥物的青少年，過程中她聽聞了許多令人痛心的故事，得知許多性侵受害者在司法和醫療體系中遭遇的不公對待，於是她決定採取行動改變現況。臨床心理學家迪恩．基帕翠克（Dean Kilpatrick）博士當年也是為性侵受害者爭取權利的一員，他告訴我戈妲在一九七六年間就與執法人員、檢察官、醫學專家合作設計出一個標準的「性侵取證工具組」[1]，協助調查人員以一套顧及受害者需求的標準化流程來採集證據。工具組內有一把梳子用以蒐集散落的毛髮，有一把指甲刀用以採集卡在受害者指甲裡的物質，有棉花棒用來採集受害者身上的液體，有塑膠管用以採集血液樣本，還有很多袋子和塑膠信封來裝各種從身體、衣服、或其他物品上提取的物證。這個工具組好就好在它「囊括所有採集證據所需的工具，有了這些證據才能進行檢驗……工具組裡的內容物甚至可以提醒經驗不足的人員要採集哪些證據[2]。」正如一九七八年《紐約時報》所述，這個工具組是「伊利諾州用來定罪性侵犯的強大新武器[3]。」

這工具組很有用，卻沒有立即廣受歡迎。為了說服警方和醫療人員使用這個性侵取證工具組，戈妲可是全年無休地四處奔走，跑遍各個警局和醫院，然而當年在警局和醫療院所的男性主管對戈妲研發的工具組一點興趣也沒有，他們甚至認為這女人憑什麼跑來對他們的工作指手畫腳。戈妲想要募款來推廣該工具組並為性侵受害者發聲，但整個芝加哥幾乎沒人願意慷慨解囊，最後是一位意料之外的大佬出手幫忙——《花花公子》雜誌的創辦人休．海夫納（Hugh Heffner）。不管你怎麼評價海夫納這個人，他透過他的花花公子基金會捐出一萬美元。此外，他還出借辦公室的空間，讓戈妲招募的志工有地方組裝性侵採檢工具組。但因為很多女權人士視海夫納為敵人，所以她們對於戈妲接受海夫納的援助非常生氣。「我被女權團體罵得很慘，但不好意思我還是接受了海夫納的幫助。」戈妲說：「天吶，我當時真的被罵到臭頭！有必要把我罵成這樣嗎[4]！」

戈妲積極為遭到性侵的女性爭取權益，久而久之她的努力也逐漸展現成果。到了一九七八年底，已經有二十幾間芝加哥地區的醫院開始使用她研發的性侵取證工具組；到一九八〇年，全國各地已有數千家醫院的醫護人員在使用。這個五臟俱全的取證套組可以讓警察、警探、專業醫療人員、檢察官保存DNA證據、建立數據庫，用以比對前科犯的DNA[5]。「瑪莎．戈妲真的是反性侵運動的先鋒，」迪恩博士說：「原本性侵驗傷的過程對很多女性來說幾乎跟性侵這件事一樣可怕，但瑪莎的工具組讓女性在驗傷時不用被粗暴對待，還能蒐集確認嫌犯身份以及將嫌犯定罪的所需證據[6]。」在描述戈妲帶來的影響時，迪恩博士還說：「瑪莎真的超級了不起，她有非凡的勇氣、強大的心理素質、超人的毅力，所以她才能在遭遇無數次反對和拒絕後為世界帶來非常重要的改變。」

到今天，性侵案件仍舊非常難起訴，因為只有不到四分之一的受害者願意報案[7]。但如果沒有戈妲堅持不懈，一年又一年地奔走各家醫院和警局，如果沒有她勇敢敲開海夫納的大門，現在的性侵受害者更難伸張正義。當年戈妲展開這些努力的時代，「約會強暴」和「婚內強暴」等詞彙都還沒出現，這類性侵罪行通常不會被起訴。在那個年代，連警察、檢方或甚至法官都會為性侵犯說話[8]，他們認為性侵不過是「很多慾求不滿的男性無法以非暴力方式洩慾時不得已犯下的罪行」，或者認為「遭到性侵的女性本身在穿著或行為上就該檢討」。然而，在這種對女性毫無同情心的環境中，戈妲依舊堅持，即使她也想過放棄，或者不想再那麼努力了，但她最後還是打了漂亮的勝仗。所以，像她這樣的反抗者到底怎麼做到的？在對抗現狀的路上，屬於少數的反抗者往往會遭受迫害、被眾人排擠，不只要面對一堆難以預料的挫敗，內心還要承受巨大的孤寂感。你如果身為反抗者，該怎麼做才能在這場嚴酷的對抗賽中堅持下去，並且敢於冒險呢？

過去幾十年發展出來的心理治療幾乎都認為，處理悲傷、憤怒等負能量最好的方式就是盡可能削弱這些負能量，所以如果你在反抗的過程中陷入心理困境，你應該去找諮商師聊聊，或者接受其他心理治療來釋放負能量，好讓你的身心儘快恢復正常運作。然而最新的心理研究顯示，努力減少負能量反而容易造成更多痛苦[9]。心理學家指出，各種悲傷、痛苦都是人類自然會產生的情緒，並不是壞事，真正糟糕的是想逃避悲傷痛苦的心態。

舉例來說，有時候就算我們該負責的事項已經超過截止日期了，我們還在拖拖拉拉、拼命滑手機逃避現實；有時候當我們感到難過或孤單，我們會靠暴飲暴食來逃避負面情緒；當我們為某事悔恨不已，往往會一直想著「要是當初如何如何就好了」，過度沉溺於過去的結果就是無法坦然面對當下的現實。這種事情實在太常發生了，雖然我們處理負面情緒的方式的確能暫時紓解痛苦，但到頭來卻讓我們更難過上想過的生活、達到想達到的目標，長期下來反而造成更多痛苦。

所以你要如何對抗各種負面情緒，才不會陷入惡性循環的痛苦深淵？有個超有效的方法就是培養心理學家所謂的「心理彈性（psychological flexibility）[10]」。就算一連串不順利的事接踵而來，具備足夠心理彈性（或韌性）的人比較不會崩潰抓狂，而是會想辦法讓自己迅速從打擊中恢復過來，再次提升自我；韌

重點思維

如果想成功對抗心裡的負能量，你就要發展出新的秘密武器——心理彈性。

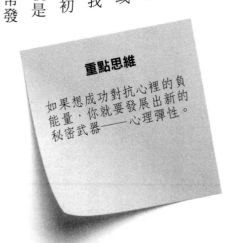

性夠強的人能夠很快地從「調適傷痛」的模式轉換成「堅定邁向目標」的狀態。

可是，但到底要怎麼做到啊？

善用「關鍵4步驟」

有個很好用的工具能助你培養韌性[11]，請看下方的「心理彈性四大問」表格。這四個關鍵問題是許多科學研究精煉出來的成果，簡單明瞭，非常好懂，列出你走在反抗之路上，若碰到難以避免的困境該如何調整心情的四步驟。如果你正處於令你身心俱疲的困境中，你可以用這個表格客觀分析你所面臨的情況以及排山倒海般湧來的負面情緒；認真思考表格中的四個問題，你就不會再用爛方法調適心情，此外還能激勵你勇敢堅持下去。一旦你真正弄清你短期內碰到的難關，你才有機會重新振作，繼續追尋你最重要的目標。

以下就是簡單易懂的四大步驟表格：

步驟2：我現正在經歷哪些讓我不愉快的想法、回憶、情緒和身體感受？	步驟1：哪些人、哪些事對我來說重要？
⟸ **為了逃離痛苦**	**為了追尋意義** ⟹
步驟3：我能做什麼來降低、躲避或控制負面的情緒？	步驟4：為了追尋價值，我現在可以做什麼？未來可以做什麼？

這個表格最基本的精華就是：當你處理煩心事時，記得採用兩大原則來分析自己的行為和感受：**追尋意義和逃離痛苦**。當你以「追尋意義」的兩個問題來剖析自己（步驟一和四），你等於在提醒自己為什麼要對抗現狀、為何要成為群體中的異類？也許你想改變社會，也許你想創新，也許你想感覺自己是獨立自主的個體，無論你的目的為何，你都是在追求你個人認為很有意義的目標，這個目標重要到讓你不惜做出短暫的犧牲。當你以「逃離痛苦」的兩個問題來剖析自己（步驟二和三），你會更加認清你面臨的困境、你肩上的重擔、以及急著想要調適負面想法或情緒的心情。兩大方向各搭配兩個問題，這四大問題就是你平

時要常做的問答題。透過不斷思考這些問題，你會更善於調適心情、調整心態，進而在面對困難時能展現更強的韌性，擁有強大的韌性等於擁有強大的抗壓力和恢復力。我們現在來逐一探討這四大問。

步驟１：哪些人、哪些事對我來說重要？（提醒自己為何踏上反抗一途）

弄清楚自己的使命及道德基礎，能讓你對目標更堅定[12]。比起不確定為何而努力的你，若對目標抱持堅定使命感，那就能承受更大的壓力和痛苦。如果你很清楚你想達成的目標，別人的嚴厲批評對你來說就沒那麼重要了，你也會更自信地按自己的意志行事（一項非常有趣的研究指出：使命感比較強的人在社群媒體上傳自拍照之後，比較不在乎收到多少讚[13]）。如果你很清楚你要完成的任務，你就更有機會堅定捍衛你的使命，即使你的身體經歷許多恐慌症發作才會出現的症狀（例如心跳加速、顫抖、喉嚨發緊等）[14]，即使你心裡有個小聲音提醒你人言可畏，即使你有可能丟掉工作，你都會在反抗之路上堅定地走下去。相反地，如果你自己都無法百分百確定為何要反抗現狀，也不清楚自己的核心信念，那麼你恐怕很難發揮你的能力和優點，也很難帶著你的盟友一起克服困境。

如果你想喚起心中更多的道德勇氣助你度過難關，你一開始就要問自己為何踏上反抗之路，是什麼核心信念在指引你方向，是哪些因素刺激你挺身挑戰現狀。戈妲說：「我之所以奮力對抗性犯罪，是因為我已經不想再看到有更多女性，尤其是孩子，繼續遭受性暴力造成的痛苦，而且加害者還逍遙法外[15]。」當她想到自己渴望伸張正義、深信這世上需要有人為受害者發聲、以及希望自己能生活在男性女性都能受到法律平等保障的國家，她就能鼓起勇氣堅持下去。此外，她能如此堅持也跟自身經歷有關。她說：「我在幫助受害者的時候，我知道我必須分享自己也遭遇過性侵的經歷，其實我一直很討厭把遭遇性侵當成什麼見不得人的秘密，只是說回想那段經歷真的很痛苦，但分享我的故事卻能安慰很多很多性侵受害者。」以自身的痛苦經歷做為跳板來幫助他人，其實同時間也可以療癒自己，讓不堪回憶的遭遇變得有意義。戈妲努力讓社會對其他女性更友善，因為她很清楚自己的目標，擁有強大的使命感，所以即使遭遇困境，她只要想想自己為什麼如此努力想改變現狀，她就能繼續堅強奮戰。

現在請拿出一張紙，寫出以下清單：（1）請列出對你來說最重要的人事物；（2）請詳述你目前最重要的人生目標（對戈妲來說，她的目標就是幫助性侵受害者伸張正義並獲得有尊嚴的待遇）；（3）請列出你人生目標背後的核心信念。請花點時間認真想想你要寫的內容，越豐富越詳盡越好，然後你可以把這份清單像護身符一樣隨身帶著，時時提醒自己。你可以把清單放在錢包裡或是弄成手機桌布，總之就是要能隨時提醒自己，走在反抗之路上的辛酸血淚都是值得的。以下還有一些問題能刺激你思考16，助你寫出更完整的清單。

認清對你最重要的人事物

1. 你最感謝的人是誰？好好想想他們是怎麼幫助你、為何能成為你的榜樣、他們如何強化了你的某些特質。

2.在你心目中，最有智慧的人是誰？他們有哪些特質是你非常欽佩而且想努力仿效的？

3.你認為你人生中最重要的目標是什麼？

4.什麼能讓你變得強大？想想你有哪些能力或特質讓你在工作、社交、玩樂或生活中能夠有超棒的表現？每個人都有自己的優點，請認清你的優點，並善用你的優勢。

5.如果可以用魔法讓所有的不安全感消失，那你會以不同的方式來做你現在在做的事情嗎？

6.如果你有無盡的財富，你會以不同的方式來做你現在正在做的事情嗎？

7.想像你自己無論做什麼都能成功，那你會去做什麼？

8.當你走到人生終點，你會希望別人記得你什麼呢？

瞭解自己追尋的價值17

1.下列何者對你來說最難接受？

——父母親逝世

——兄弟姊妹逝世

——配偶逝世

2.如果下列三者你必須放棄一項，你會放棄何者？

——經濟自由

——宗教自由

——政治自由

3.你最不想面對下列何種情況？

——對著迎面襲來的敵人開火

——在飛機上向敵方村落投擲炸彈

——被自己所屬的群體公開貼上「懦夫」標籤

4.你最不喜歡下列何種狀態？

——貧窮

——生病

——毀容

5.你比較希望如何生、如何死？

——轟轟烈烈過完短暫一生，安詳平靜地逝世

——過完漫長平淡的一生，安詳平靜地逝世

——活得長久且轟轟烈烈，但最終緩慢而痛苦地死去

6.下列哪一種狀況對你來說最為痛苦？

——什麼都記不得

——什麼都忘不掉

——只能不斷重複回想起某一段記憶

7.下列哪一種伴侶你最不能接受？

——揮霍無度

——老愛插嘴

——邋遢成性

8.何種學習方式對你來說最有效？

——自己閱讀和研究

——聽人授課

——和他人討論

9.你覺得在一段友誼中什麼最重要？

——誠實

——慷慨

——忠誠

10.你最喜歡用何種方式過週末？

——獨自一人做喜歡的事情

——跟你愛的人一起做你不怎麼有興趣的事

——跟朋友一起做新奇好玩的事情

11.你最欣賞他人的何種特質？

——聰明

——善良

——幽默

12. 假如放棄以下事項不會有任何負面影響，你最想放棄什麼？

——吃

——睡

——運動

13. 以下情況你最不能接受哪一種？

——餘生都被關在某個房間裡

——餘生都不能進入室內

——行動完全自由，但一年只有六個月能見所愛的人

步驟2：我現正在經歷哪些讓我不愉快的想法、回憶、情緒和身體感受？（認清影響你身心的負能量）

既然你已經確認過自己踏上反抗之路的動機，接下來就要逼自己直面那些讓你不快的負面情緒。你一定要知道為什麼強大的心理素質對反抗者來說這麼重要，想想假如你是瑪莎·戈妲，在四處求助無門之下接受了海夫納的幫助，卻被一堆憤怒的女權人士罵到臭頭，你會有什麼感受？震驚、擔心、恐懼、挫敗、憤慨、懷疑、絕望、孤獨等等？其實太多了，說都說不完。接著，你很有可能因為這些負面情緒掉入自我貶抑的漩渦裡，然後開始否定自己，否定自己的個性、否定你與他人的關係、認為自己無法達成目標等等。各種負能量也會影響你的身體反應，你可能會出現一般人遭遇痛苦時通常會有的症狀——口乾舌燥、心跳加速、呼吸急促、手心盜汗。雖然誠實面對自己的各種情緒可能會讓你覺得很彆扭，但你還是要盡可能直面你真實的感受，我發現這麼做會讓人有一種釋懷的感覺，讓你知道自己正在對自己的內心施加哪些精神折磨。然後，這些折磨的殺傷力就會減少一些。反之，如果我們不願意面對自己在反抗之路上所產生的負面情緒[18]，我們的心志和能力都會被削弱。

如果你能越具體地描述遭遇的困境，對你就越有益。我的研究發現，要清楚「標示」出我們時常經歷的情緒感受其實不容易，但在此介紹你一種非常有用的「情緒標示（emotional labeling）」技能[19]。在一次研究中，我和我同事請受試者在一台手提電腦上寫下日常生活中使他們產生強烈負面情緒的經驗，結果發現善於具體描述自我情緒的人，在面對一個「因壓力而導致飲酒」的情境當中，所喝下的酒量，比不善於標示情緒的人少了百分之四十[20]；在另外兩份研究裡，我們也發現心理受過傷但善於標示負面情緒的人，以言語或肢體攻擊進行報復的機率，比不善於情緒標示的人少了百分之二十（第一份研究）或者百分之五十（第二份研究）[21]。還有另一份研究顯示，在兩週試驗期間，善於標示和描述情緒的受試者比較能夠應付他人的排斥[22]——在某個線上遊戲裡，無論碰到的陌生人對他們表示歡迎還是排斥，他們大腦內和身心痛苦相關的區域（大腦島葉和前扣帶皮層）活躍的程度是差不多的。如果你能具體描述你的情緒[23]，就算面對讓你壓力山大的事件，你也比較能保持冷靜，各種困擾你的心事似乎也沒那麼讓人煩躁了。於是，你就能更明智地決定下一步要怎麼走。

研究發現，訓練人清楚標示自我情緒有助於培養韌性。在一項研究中，研究人員找來幾個超怕蜘蛛的受試者，然後訓練其中一些人在看到蜘蛛時認清自己的情緒，仔細描述自己的感受，例如：「在我面前有一隻醜陋的大蜘蛛，真的超噁心、我超緊張的，但……我好像也忍不住想觀察牠？」另外一些受試者則要學著利用正面思考轉移注意力。結果發現，能精準標示情緒的受試者會多花一些時間面對並處理眼前的蜘蛛[24]，也比較不那麼焦慮。一週後，學會精準描述情緒的人都更善於應對壓力，無論他們心裡對該情況有多麼恐懼或反感。

對反抗者來說，情緒標示有幾個很明顯的好處。

第一，當你能清楚描述某些情緒，你會發現調適這些情緒變得比較簡單。清楚標示出的情緒會變得比較好掌控，進而有機會轉換成助你達成目標的能量。也就是說，**當你知道負能量也可以是一種力量，你才有可能化負能量為力量**。例如，憤怒雖然是種負能量，但憤怒也許能讓你在跟別人打官司的時候講話更大聲，詞句更有力，顯得更有自信而增加你的贏面。對於容易焦慮的人來說，把負面情緒標示出來，能讓負面情緒變得沒那麼可怕。

第二，當你用文字來描述感受，這些文字會助你進一步釐清你身處的情況以及接下來可以採取的行動。第三，如果反抗者善於調適強烈的負面情緒，就不用花太多心力控制自己的情緒，而是能多花一點心思追求自己覺得很重要的目標。我的研究團隊發現，每天忙著控管情緒的退伍軍人會比較感受不到生活中的喜悅和意義，也比較沒有心思追尋自己最重要的目標[25]。當調適負面情緒對你來說變成小事一樁，你就能投注更多心力在你的反抗任務上。

當你思考某個困境對你的身心產生何種影響後，接下來就要專心釐清你所感受到的情緒。作法很簡單，只要單純描述你的感受就可以了。你會用什麼詞彙來描述你的心情？平常你碰到大大小小的挫折時都可以重複做這樣的練習，請盡可能精確地描述你的心情。為了怕你詞窮，我特別附上一張詞彙清單，幫助你描述各種心情。情緒標示的能力不是天生，必須透過學習才能精通。如果你能精通幫助你調適心情的技能，你在反抗之路上就能更專注、更堅強、更有機會成功。

A

Abandoned 被遺棄
Afraid 害怕
Agitated 激動
Aggravated 心煩意亂
Agony 極度痛苦
Alarmed 驚恐
Alienated 疏離
Angry 生氣
Anguish 非常苦惱
Annoyed 煩躁
Anxious 焦慮
Appalled 驚駭
Apathetic 無動於衷
Apprehensive 憂慮
Ashamed 丟臉
Astonished 吃驚

B

Betrayed 遭到背叛
Bitterness 悲苦
Bored 無聊

C

Contempt 輕視

D

Defeated 受挫
Dejected 氣餒
Depressed 消沉
Despair 絕望
Disappointed 失望
Disgust 嫌惡
Disillusioned 幻滅
Dismay 喪氣
Dismissive 蠻不在乎
Displeased 不滿意
Disrespected 不受尊重
Distracted 分心
Dread 懼怕

E

Embarrassed 尷尬
Empty 空虛
Enraged 暴怒
Envy 羨慕
Exasperated 惱怒
Exhausted 精疲力盡

F

Fearful 擔憂
Fragile 脆弱
Frightful 可怕的
Frustrated 沮喪
Fury 火冒三丈

G

Gloomy 鬱悶
Glum 悶悶不樂
Grief 悲痛
Grouchy 愛發牢騷
Grumpy 暴躁易怒
Guilt 愧疚

H

Hateful 充滿惡意
Hesitant 猶豫不決
Homesick 思鄉
Hopeless 不抱希望
Horror 恐怖
Hostile 敵對
Humiliated 遭到羞辱
Hurt 受傷
Hysteric歇斯底里

I

Indignant憤慨
Inferior 自卑
Insecure 無安全感
Insulted 被侮辱
Irritated 被激怒
Isolated 被孤立

J

Jealous 嫉妒
Jittery 緊張不安

L

Loathing 嫌惡
Lonely 寂寞

M

Mad 發狂
Melancholy 憂愁
Misery 悲慘
Mortified 窘迫

N

Nauseated 噁心作嘔
Neglected 被忽視
Nervous 緊張
Numb 麻木

O

Outraged 義憤填膺
Overwhelmed 不堪負荷

P

Panic 恐慌
Perplexed 茫然不知所措
Pity 憐憫
Powerless 無力
Pressured 壓力山大

R

Rage 狂怒
Regretful 懊悔
Rejected 被排斥
Remorseful 深感後悔
Resentful 怨恨
Revulsion 憎惡
Rushed 急迫

S

Sad 難過
Scared 恐懼
Scorn 鄙視
Shame 羞恥
Shock 震驚
Skeptical 疑心
Sorrow 悲傷
Spite 輕蔑
Sympathy 同情

T

Tense 神經緊繃
Terror 驚恐
Tired 疲憊
Tormented 煎熬

U

Uneasy 不自在
Unhappy 不開心

V

Vengeful 記仇
Victimized 遭受不公對待
Violated 被侵犯
Vulnerable 脆弱敏感

W

Woe 悲哀
Wrath 盛怒
Worried 擔憂
Withdrawn 自我孤立

其實我們可以用前頁列出的豐富詞彙來描述不同程度的情緒26，粗體字代表與憤怒相關的情緒，劃有底線的字則是與恐懼相關的情緒，斜體字是與悲傷相關的情緒。當然，描述情緒的詞彙還有很多，你可以根據你所感受到的情緒種類和強度來擴充這個詞彙清單，助你更精準地描述你的感受。

步驟3：我能做什麼來降低、躲避或控制負面的情緒？（善用你的處理機制）

除了精準描述自己的情緒，你也必須認清你現在正在做哪些事情，以求避開那些負面思想及你所標示出來的負面情緒。你處理負面情緒或想法的方式不一定對你有幫助，有時甚至對你有害。基本上，人會試著逃避、壓抑或矯正內心的負面想法，或者試圖用正向思考來取代負面思考，又或者找別的事情來分散自己的注意力。如果戈妲在勞心勞力推廣性侵取證工具組之後想讓自己暫時擺脫焦慮，她可能會花兩個小時看電影，或花十分鐘享用一杯冰淇淋聖代，但在這短暫的放鬆後，她還是會想起一大堆因為證據不足而無法解決的性侵案件，於是她的負面情緒又全部回來了。這時又要怎麼辦呢？

我跟很多人一樣，會用一堆沒用的方式處理負面情緒。當負面情緒爆棚的時候，我會吃藥，有時還會過量；我會喝太多酒；我會找事情來分散注意力，例如心不在焉地看電視，或逼自己想點別的事情；我會逃避社交活動；我會拼命運動讓自己累癱；我講話會變得很嗆，無論是跟陌生人還是跟自己所愛的人都容易發生口角；我會在網路上沒來由地拼命攻擊別人；我會埋首工作；我會宅在房間裡，連家人朋友我都不想接觸；我會對孩子大吼、跟配偶冷戰；我會找藉口解釋我為何什麼事也不做且拒人於千里之外；我會整天玩音樂或聽podcast，就是怕自己靜下來後又會陷入負面想法之中。

你可以拿一張紙寫下你最常用哪些方式處理負面情緒，然後想想這些方式真的有效嗎？就算這些方式當下能夠舒緩你的痛苦，會不會長期下來反而造成別的問題呢？

無論你用什麼方法處理情緒，我都要大力推薦你嘗試「認知脫鉤（cognitive defusion）」技能。這是心理學家發現的一種調適負面情緒的好方法，你自己在家就可以進行，不需他人協助，而且許多研究顯示這種方法可以有效減少負面情緒和想法對你造成的影響。所謂認知脫鉤，就是你要把「你」和「你的想法」之間劃出一道界線[27]，如果你能劃出這道界線，你就可以把「你」從「你的想法」中抽離出來，接著你就能比較客觀地看待你心裡的想法和感受。我們可以想像自己的情緒和想法就像是烘培比賽裡展示的糕點，而認知脫鉤就是把我們的角色，從認真挑剔、評價的評審，轉變成只須輕鬆試吃的觀眾。身為只須輕鬆試吃的觀眾，你可能會發現派皮太過薄脆，可是完美襯托出溫熱酥軟的蘋果內餡；肉桂好像加太多了，卻讓舌頭有種美妙的酥麻感。身為試吃觀眾的你不會在意派餅有什麼缺點，你只會很單純地觀察體驗派餅的滋味，這種單純的觀察體驗正是消除情緒影響的妙方。

現在有非常多技巧能幫我們進行認知脫鉤，其中有個很有效的方法就是把情緒想法當成具體的物件從內心抽離出來。怎麼做呢？科學家請受試者想出一些跟他們自身有關、但讓他們非常不舒服的詞彙（例如醜、肥、平庸、無趣、沒人愛、沒朋友等），然後把這些詞彙寫在紙上或是大聲說出來[28]，持續三十到六十秒[29]。很神奇的是，受試者把這些詞彙寫出來或說出來以後，他們就能夠認清這些貶抑的詞彙只是負面想法，並非反映事實，於是這些詞彙的殺傷力大減，下次他們再看到或聽到這些詞彙時就不會那麼難過。而且只要時常練習這個技巧，這個神奇的效果就能維持。更棒的是，多練習幾次以後，受試者會發現這些負面想法越來越不可信。還有研究人員要求受試者把負面想法寫在紙上，然後直接把紙撕碎扔進垃圾桶，很多研究顯示光是把負面情緒和想法具體化（寫在紙上）然後毀掉（撕碎丟進垃圾桶），就能減少它們造成的影響——是實質上的減少，不是說說而已。

以下再提供幾個幫助你進行認知脫鉤的小技巧[30]，好好練習，你就可以降低負面情緒和想法對你造成的影響。

1. **把你的心當成很愛發表意見的小惡魔**。如果你能把你的心看成是一個愛批評、愛發表意見的小生物或小惡魔，你就能做到認知脫鉤，進而順利調適心情。所以當你心裡產生各種醜惡的想法和感受，你應該養成習慣和你的心對話，你可以跟它開玩笑，也可以很嚴肅。你可以跟它說「阿心，今天早上真是謝謝你這麼沒路用啊……」你也可以問它問題，例如「阿心，你覺得讀者看完這個章節會不會覺得很有道理？」你還可以針對阿心產生的想法感受給予簡短回饋，例如「說得好啊，阿心！」「哇，這想法我以前沒聽過耶！」「太精闢了！」重複這樣的練習可以幫助你在「你的想法」和「你」之間成功劃出界線。

2. **把你心裡想到的負面情緒變成一則則故事，然後為這些故事取名字**。你心裡如果冒出一些讓你覺得無聊、討厭又老掉牙的事情，你就幫這些情節取個名字。例如，我講話非常快，快到聽我說話的人常得請我說慢一點，我對這件事情一直都很在意，於是我把它取名為《我是紐約連珠炮哥》的故事。又例如，我身上有很多痣、胎記和褐色斑點，我很不喜歡，所以我從來不在外人面前脫掉上衣，這就是我的《巧克力豆餅乾》故事。總之，你就把你心中的負面想法取個名字，加點幽默感，然後你就會發現這些想法變得沒那麼傷人了。

3. **化身偵探，找出心中聲音的來源**。我們很少去思考我們心中到底是誰一直在跟我們說話，所以當然也不會去管那個聲音來自何性別、種族、年齡。當你心裡冒出醜惡的想法，你可以開始一場「尋人」遊戲，找出心中跟你說話的那個「人」。你可以觀察你心裡的聲音聽起來如何？說話的有可能是誰？這聲音從哪冒出來的？這聲音有在移動或改變嗎？這聲音接下來又會說什麼？你要對自己的想法抱持一定的好奇心，然後提醒自己：你和你的想法是不同的個體，因為你能發現並觀察心裡冒出來的想法，所以你不可能同時身為A然後又發現A吧！（除非你在玩高深的量子力學物理遊戲）

4. **為你的想法搭配不同的聲音、字幕或意象**。你的心很愛講話，事實上它幾乎沒停下來過，如果你能改變接收這些話語的方式，你就比較能夠活在當下、專心做真正重要的事情。例如，你可以幫你的心配音，選個你最喜歡的電視劇角色，然後想像你的心說起話來就像跑馬燈。你也可以想像心中的想法像跑馬燈一樣出現，就像新聞網站常看到的那條播報即時新聞的跑馬燈；你也可以用藝術字體把想法寫在小卡上。或者你可以想像一幅落葉飄在河上的畫面，然後想像你把心中的想法放到葉子上，看著它們翩然落下；或者你也可以想像自己把負面想法放到雲朵上，然後看著它們逐漸飄然遠去。當你反覆練習，想像你心中的想法是可以透過五官感知的事物，它們就比較不容易影響你的行為。若你能把想法轉化成容易掌握的具體事物，而不是抽象、難以捉摸的東西，你就比較不會一直為其苦惱，進而能夠把握當下、追求重要目標。

我強調，認知脫鉤的重點不是要幫助你逃避或減少負面想法和感受，而是要讓你用另一種方式處理你的負能量，好讓你未來面對逆境時更堅強。以下這番話，是將心理學家羅洛·梅（Rollo May）的名言略加延伸[31]：「自由就是你能夠自主決定的能力，亦即你可以在接收刺激之後暫時停止做出反應，將這個刺激的重擔拋在一旁，先比較一下各種可能的反應……我把心理健康定義為：有沒有能力覺察到刺激和回應之間的這片暫停空間，有沒有能力適當使用這片空間。」

步驟4：為了追尋價值，我現在可以做什麼？未來可以做什麼？（評估你的機會）

經過前面的三大步驟，你現在已經再次確認自己的目標、認清自己的想法感受、用更有效的方法處理內心的負能量。接下來最後一步就是要為自己制定成功指南，想想哪些行為能引領你活出有意義的人生。在這個步驟裡，你必須認真想像自己如英雄般完成使命、追尋理想，就算你覺得很難把自己想像成英雄，但身為理想型反抗者的你不怕苦不怕累，選擇犧牲奉獻來創造更美好的社會，這的確是很了不起的行為，但你要如何扛住守舊派的反擊、如何一次又一次逆境求生，最後終於為社會帶來良善且有意義的改變？說真的，你最終想成為什麼樣的人？你必須先回答這些問題，才能開始追尋理想。

首先，請先想想你平常做的哪些事情會帶給你滿足感和成就感，在你極度緊張或心很累的情境中，依舊能帶給你力量。對戈妲來說，她覺得自己在逆境中還能一直保持風度讓她很自豪，她曾說：「我待人處事最重要的方針就是不做人身攻擊[32]，但這只是最基本的原則，你還要保持親切、保持風度。」對其他人來說，滿足感和成就感可能來自獲得新知、分享知識造福他人、吃好睡好外加適度運動讓自己更健康、請教他人的看法、寫日誌紀錄難忘的時刻或學到的教訓[33]、對他人真心誠意地道歉、或者花時間與家人朋友相處、分享彼此的喜悅與哀愁。

當你在思考你該如何追尋自我價值，切記要用心想，不要用平常你跟陌生人自我介紹的敷衍套路看待自己。你應該要試著把「真正的你」和你刻意營造的「眾人面前的你」分開[34]，你可以假裝自己在沙漠裡，周遭一個人也沒有，當身邊沒有任何觀眾的時候，你會想聽什麼音樂？想看什麼書？想看什麼電影？什麼樣的議題會讓你覺得很有趣？如果沒有人在聽你說話，你會怎麼描述自己？

當你思考過你該怎麼追尋自我價值，你就要認真評估你現在做的事情對你有沒有幫助，以及你應該如何在未來幾天或幾週規劃有限的時間完成某些目標[35]。我們可以稱這些目標為「小任務（strivings）」，也就是在達成你最終的大目標之前，要先完成的小任務。但這些小任務不只是我們當下正在努力做的事，我們未來也可以繼續努力完成。例如，我們可能會把「說服他人同意我的想法」當成一個小任務，但我們不一定真的有辦法在幾天或幾週內就做到。

我們可以籠統地設定小任務（例如「我要努力把興趣變成職業」），也可以具體一點（例如「在完全轉職成全職藝術家前要先想辦法找到收入來源」）。我們也可以從積極和消極兩個面向設定小任務，例如我們的任務可以是努力賺到某個東西（積極），也可能是避開或預防某事物（消極）。舉例來說，你的任務也許是從現在到未來都要努力獲得他人關注，但也有可能是設法避免他人的關注。

小任務有個很棒的好處是：你可以透過自己設定的小任務來認識自己[36]，而且不必用到一堆老套的形容詞（親切、誠實等）來描述自己。請先忽略那堆常用來描述個性的形容詞，你現在要專心想的是：為了追求目標與創造自我價值，你目前正在做、而且未來還想繼續做的事情是什麼。把你想到的事情寫在筆記本裡。仔細想想你在平常生活中最重視什麼，然後試著用「我正在努力……」為開頭寫下六個小任務[37]。不要跟別人比較，專心思考你自己和你的目標。我們前面說過光是具體詳述你在逆境中的感受就能幫助你應對這些感受，同理可證，如果你能把你的生活分解成一個個具體的任務，你就更有機會活出意義非凡的人生。

從這一步開始，你要想像自己一邊勇敢面對負面情緒、一邊按照自己的核心信念行事。你要時時問自己「我到底想要做什麼？」「我心心念念的目標是什麼？」如果你能夠把自己從躲避傷痛的模式轉換成追求意義的模式，那麼你無論在順境逆境都可以達成很多成就。正向的行為改變能讓你走得更順更遠。我和我同事在研究中發現：就算是有嚴重社交焦慮的人，只要願意用好的方法改變行為、努力追求自己覺得很有意義的目標，他們幾乎能跟身心健康的成年人一樣感受到自我價值——研究顯示，他們每天感受到的人生意義增加了百分之十九，一天內感受到正面情緒的次數增加了百分之十四，同時，他們感受到負面情緒的次數也下降了百分之十[38]。

為了讓你自己在艱辛的反抗之路上更堅定地走下去，你可以把你的計劃告訴親朋好友和夥伴。這個策略非常好用，可以為自己增加驅動力。有一份研究找了三百二十四名每天久坐的過重成人，請他們參加為期十六週的「線上健走計畫」[39]，結果發現，比起沒有告知他人自己正在參與這項計畫的受試者，那些把自己的目標、努力和進步成果放在線上討論版和他人分享的受試者，完成計畫的機率高出百分之十三。

此外，你分享目標的對象也很重要[40]。如果你真的想激勵自己拿出最佳表現，那你分享目標的對象裡應該要有你尊敬、仰慕、也就是在你心中很有份量的人。如果你只把你的目標和計畫告訴對你來說無足輕重的人，那大概不會有什麼效果；同樣地，如果你只把目標寫在只有你看得到的小本本上，你也無法獲得更多推著你向前的動力。這跟我下一章會談到的觀點息息相關：我們都想要給別人留下好印象，也會很擔心自己若無法達成目標別人會怎麼看我們，正是這樣的憂慮讓我們更有動力追尋意義[41]。憂慮也是一種能量，所以請挑選出對你來說很重要的人或群體，然後告訴他們你的目標和計劃，我們的盟友也只有在知曉我們的目標和計畫後才會知道該怎麼支持我們。

要追求具有重大意義的目標，我們必須做好準備，因為前方必定有來自內心和外在的重重阻礙。想想過去那些為了改變現狀而奮戰的英雄，他們在反抗過程中甚至一度身陷囹圄，像是提倡黑人平權的馬丁·路德·金恩博士、反對種族隔離的南非前總統曼德拉、提倡女性參政權利的女權運動艾米琳·潘克斯特（Emmeline Pankhurst）、知名記者兼作家阿梅特·阿爾丹（Ahmet Altan，這位仁兄的故事超級精彩[42]，大家趕快上網搜尋）。不難想像，牢獄之災對這些鬥士來說是多麼巨大的挫折，幾乎中斷了他們追求目標的路，但他們最後還是堅持到底。所以，在每一天的一開始，你除了要認真思考今天該努力做些什麼來完成小任務，也要想想可能遭遇到的挫折。我認為羅馬哲學家皇帝奧理略（Marcus Aurelious）在他的《沉思錄》中有段話寫得很好[43]：

早上起床時就要告訴自己：我今天得應付一堆亂七八糟的人，有的愛管閒事、有的不知感恩、有的驕傲自大、有的滿嘴謊言、有的忌妒成性、有的性情乖戾，這些人會這樣是因為他們不知如何分辨善惡。然而，我已經見識過善良的美好、邪惡的醜陋，而且我也知道這些言行不端的人其實本質上跟我是一樣的——不是說我們有相同的血統，而是我們都是人，我們都擁有人的心智，也都擁有神性。因此，他們傷害不了我，沒人能用醜惡汙染我，而我也不需要對我的同胞生氣，更不用憎恨他們。他們和我生來就像並存的雙手、雙腳、雙眼或上下兩排牙齒，去阻礙對方其實是違反自然的行為，而對他們生氣或完全不理會他們也一樣違反自然。

但你要做的事情不僅是預想會碰到什麼阻礙，你還要為這些阻礙做準備。你要常常思考以下問題：「我今天努力完成小任務的過程中可能會碰到什麼阻礙？碰到了該怎麼應對？」還有，記得為可預期的挫折多準備幾個備用計畫，確保你有很多方法可以執行今日小任務[44]。簡言之，就是做最好的打算，但也要為最壞的情況做準備[45]。單靠樂觀積極，無法幫你建立強大心理素質[46]，你還需要培養心理彈性來調適各種負面情緒和想法。最重要的是，不要逃避逆境，你可以善用本章提供的四大問題來面對和處理心理的負能量，努力發揮你所有的潛力以達到目標。

無論前方有何險阻，堅定走上反抗之路

韌性很強的反抗者即使遭受磨難還是能堅持奮戰——就算傷痕累累，依舊堅定走在反抗之路上[47]。本章提出的四大問題能幫助你重新設定自己的狀態，讓你從只想逃離痛苦，轉向重新鼓起勇氣追尋目標。當你思考這四個問題，你等於在

釐清自己最重視什麼（哪些人、事、物對我來說最重要？）、發現自己內心產生哪些不愉快的情緒和想法（我現在正在經歷哪些讓我不愉快的想法、回憶、情緒和身體感受？）、分析你平常慣用哪些方式應對負面情緒和想法（我現在做的事情有哪些可以減少、逃避或控制負面情緒？）、找出可以鼓勵自己堅持不懈的方法（我現在或未來可以做哪些事情來追尋自我價值？）。在對抗主流的一路上，你要記錄自己的情緒和想法、為你想要的生活制定計畫，然後運用這四個問題來檢視自己的感受，進而改變某些行為模式，增加自己成功達成目標的機率。

只要常常思考這四個問題，你就能逐漸培養出更強大的韌性。你會學著擺脫舊的行為模式和偏見，用更健康的新方法面對逆境。在過程中，你也會更加體認到你可以自由主宰自己的行為，使你更有機會將心中反抗現況的念頭付諸實行。關鍵就是要學會質疑，不要死守自己原有的想法，請以開放的心態時常用新的角度剖析自己的情緒和行為，這樣才能夠產生更多的創造力以及不服從的動力。一旦你學會用更好的方式調適心情和調整心態，反抗之路上產生的各種負面情緒都不會再那麼讓你受不了；相較之下，繼續忍耐現有的主流思想、制度程序和產品才更讓你受不了。

好，現在我們來想像另一個情境：你在逆境中妥善調適負面情緒並且堅持不懈，最終在與主流派的對抗賽中擊退對手！沒錯，你贏了！但當你沉浸在勝利的光輝之中，你其實正面臨一個重要選擇：接下來要如何對待失勢的對手，也就是曾經的主流派？你會向他們遞出橄欖枝，把這些過去的敵人當成同僚、朋友或甚至親密的夥伴來看待嗎？還是你會以其人之道還治其人之身，他們過去怎麼排擠你，你接下來就怎麼排擠他們，用好不容易贏得的權力對他們作威作福？

群體內部出現權力更迭後，新主流和舊主流之間的關係該如何處理會成為一大挑戰，難度不亞於在逆境中保持堅定的心志。人在困境時如果覺得壓力很大很痛苦，通常會尋求專業諮商師的協助，但是苦戰到底最終獲勝的人卻不會去找專業諮商。可是，我們的確需要有人告訴我們如何贏得漂亮、贏得有風度，不管獲勝的是個人還是群體都一樣，以免到頭來破壞了好不容易達成的目標。科學研究顯示，我們在別人身上造成的傷口終有一天會回到我們身上。所以，如果希望反抗行動圓滿成功，你一定要知道如何在勝利後還能保持風度與寬容，而且你一定要忠於你一路培養出來的善意及核心理念。既然我們已經講完奮戰的艱苦，接下來就該討論伴隨著勝利而來的責任，以及贏家該如何有風度地擔起這些責任。

不服從成功要訣

1. **想要更快速有效地調適負面情緒，你必須培養新秘密武器——**「心理彈性」。心理彈性很強的人更能夠根據面臨的情況迅速調整想法、心情和行為，確保自己的一切行動聚焦於追求心中最重要的目標。

2. **善用四大問題培養心理彈性**。只要你能善用這四個問題，你就可以想出有效的方法來處理心中的負能量。首先，提醒自己反抗的目的，接著直面你的負面情緒，然後想想你平時調適心情的方法，最後再思考該怎麼做才能真正增加成功的機會。

3. **持續努力，培養強大韌性**。雖然藉著四大問題培養心理彈性並非一蹴可幾，但你的努力絕對不會白費，請持續利用這四大問題培養強大心理素質，以發揮你全部的潛力。

第七章 勝利之後

當反抗者成為新主流，如何避免成為偽善的惡勢力

玻利維亞前總統埃沃．莫拉萊斯（Evo Morales）很清楚貧窮的滋味。他出生於玻利維亞一個弱勢原住民社區，和家人住的是傳統的土坯農舍，全家只有一個房間，煮飯、吃飯、盥洗都得在同一個狹小空間；他六個兄弟姊妹裡有四個在嬰兒時期就夭折了，而他活下來的獎勵就是成為童工，五歲的時候就得幫忙放牧駱馬維持家計。

一九八〇到九〇年代之間，莫拉萊斯致力改善他的社區。他加入了一個要求政府合法化種植古柯植物的基層運動1，雖然古柯植物對原住民農民以及玻利維

亞傳統文化來說是非常重要的作物，但為原住民文化發聲其實得冒很大的風險。那段時期美國政府正在向毒品宣戰，美方提供大量資金給玻利維亞政府高層，要求他們阻止毒品輸入美國。貪腐的玻國政權開開心心收了錢，但他們不但沒有努力阻止毒品交易或逮捕毒販，反而是大力取締貧窮的原住民農民，沒收農民的古柯葉，外加敲詐收賄。許多農民遭到逮捕2，經歷酷刑審訊，被菸頭燙皮膚、被電擊、被注射毒液、手腳被槍擊、頭部被壓入水中，許多農民慘死於獄中。莫拉萊斯自己也遭受過毒打、監禁，有一次還被丟到荒地險些喪命。

一九九〇年代中、後期是莫拉萊斯活躍於政治圈的時刻，他積極參與選舉，提出許多政策來提升弱勢族群的經濟地位和權力。二〇〇六年，在美國的反對下他以左翼政策贏得大多數選民支持而當選總統。他的施政目標包括減少貧窮、投資教育和醫療、提高基本薪資、對富人加重課稅、賦予原住民平等的參政權。莫拉萊斯一上台後，的確大刀闊斧進行改革，實踐了很多他對人民的承諾，促進整體國家經濟大幅成長。他從外國能源公司手中奪回了對石油和天然氣生產的控制權，將以往每年流向他國的數十億美元帶回自家國庫。他上任後，國民薪資提高，失業率下降百分之五十，識字率也明顯增加。他在任四年，世界銀行就把玻利維亞的國家分類從最貧困的「低收入國家」提升為高一階的「中低收入國家」，這代表人均國民所得成長了三到四倍[3]，代表玻利維亞政府可以以更低利率借貸，進而為國家創造更多財富打好基礎。二〇〇五至二〇一八年間，玻利維亞成為拉丁美洲經濟成長最快速的國家[4]，國民生產總額成長了四倍。

然而，莫拉萊斯的統治也有其陰暗面。在鞏固權力的過程中，他不遺餘力打擊異議份子。他曾頒布一道總統令，授予各政府機關權力解散公民社會組織[5]。他的政府曾恐嚇記者，還把反對政府作法的人列成黑名單[6]。二〇一一年，數千名玻利維亞人抗議莫拉萊斯計畫建造一條穿越亞馬遜雨林保護區的公路[7]，他們得到的回應就是警方以催淚瓦斯和橡膠子彈暴力鎮壓[8]。根據報導，「女性抗議者大聲喊出她們的訴求，警察居然用膠帶纏繞她們的臉讓她們閉嘴」[9]。此外，該國憲法規定總統最多只有兩屆任期，但莫拉萊斯硬是選上了第三屆總統，若不是他因為被控選舉舞弊被軍方趕下台，恐怕還會出任第四屆。

你的執政讓我失望

很多成功的反抗者掌權後的表現卻令人相當失望，他們拋棄了自己的信念，也無法實現他們所承諾的美好願景。無產階級革命家列寧領導工人起義，說要讓所有俄國人民都擁有「和平、麵包和土地」，但結果呢？還有法國大革命，一開始打著「自由、平等、博愛」的旗號，但最後在國民議會議員羅伯斯比掌權後，卻迎來一段天天有人被砍頭的恐怖統治。如果你仔細檢視歷史上大大小小的成功革命，你會發現**反抗者在遭受多年的苦難後一旦嚐到勝利的喜悅，常會浪費或辜負自己辛辛苦苦贏來的機會，以至於最終還是很難為社會帶來正向的改變，無法讓正向的改變持續發生**。你可能認為會有這樣的現象是因為反抗者往往過於激進，尤其被主流派長期壓迫後，難免產生極端的思想和作法。那麼我們就必須探討一個問題：是什麼樣的心理因素使反抗者變得如此狂熱呢？

最主要的因素是我們心中潛在的「部落意識」。人類天生就渴望組成群體，與其他共同身分的人人互動。不幸的是，這樣的習性也讓我們很容易產生偏見。

我們很樂意分享「自己人」的成就和喜悅[10]，設身處地為他們著想，重視他們的需求，但我們無法用同樣的方式對待「外來者」。當我們的自己人以激進、暴力或不公不義的方式對待外來者，我們會刻意忽視自己人不正當的行為[11]；我們會把外來者當成敵人[12]，認為他們是敵人，與我所屬的群體對立。在艱困的處境中，責怪別人往往比責怪我們自己容易得多[13]，正因如此，有太多反抗者掌權後就開始迫害前朝主流的成員，造成許多不必要的痛苦；舊主流失勢後就算提出可能很不錯的想法，勝利的反抗者卻往往不屑一顧，結果又為未來埋下衝突的種子。

科學家已經找出好幾個環環相扣、不斷強化部落意識的心理機制，導致反抗者上台後會用激烈的手段對付失勢的舊主流。金恩博士曾說過一句話[14]：「我們若無法像兄弟一樣相親相愛地生活在一起，就等著像蠢蛋一樣一起滅亡。」

重點思維

只要瞭解人類天生深受部落意識影響，尤其在權力更迭時更為明顯，我們就可以更理性且有意識地控制自己的言行，讓自己不再有那麼強烈的衝動去攻擊那些曾經懷疑或迫害我們的人。

反抗者的怨懟

當一個社會的權力從前朝手中移轉到反抗者手上，這兩派人士對整個社會的認同，也將全面轉變。反抗者通常會產生「反抗者的怨懟（rebel's discontent）」情結，即使他們已經戰勝了前朝主流，反抗者心底依舊傾向拋棄整個社會群體，想要遠離之前與他們對抗、現在又轉而支持他們的人。你可能會想：以前處於弱勢的反抗者好不容易戰勝主流，成為群體內部的新當家，為什麼不留在群體內好好享受勝利的喜悅呢？事實上，這沒那麼容易做到。即使成為贏家，反抗者過去被迫害、被欺壓所造成的傷口仍會隱隱作痛；在遭受這麼多苦難後，你只會更加認同自己的反抗者身分，於是更難原諒過去曾經鄙視你或欺負你的人，你會覺得自己幹嘛要跟這群失勢的混蛋扯上任何關係？

聖地牙哥州立大學的瑞德米拉．普瑞斯林（Radmila Prislin）博士做過一個劃時代的研究[15]，使我們有機會瞭解反抗者心中的怨念。請想像一下：你現在正和一群陌生人針對一個極具爭議的話題進行辯論，一開始沒什麼人認同你的想法，但漸漸地，越來越多人站在你這邊；或者一開始大多數人認同你的想法，但漸漸地他們不再支持你，改站到你的對立面。現在再想像一下，除了你以外其他人都是演員，整場辯論只是一場實驗，目的是看你如何面對自己的人氣和權力的消長。這就是普瑞斯林博士研究的重點16，而她的研究後來有驚人的發現。

權力的更迭會影響「新主流」和「新弱勢」兩方對整個社會大群體的認同感（group identity），在大群體發生結構性改變後17，群體內的成員都會迫切地想重新釐清自己在群體內的新定位和意義。不意外，前朝的主流派——我接下來稱他們為「新弱勢」——不會再把整個社會群體當成自我意識的延伸，畢竟現在大多數成員已經不支持他們了，對新弱勢來說，這個群體內的大多數人看起來既陌生又討厭。而過去屬於弱勢的反抗者雖然在抗爭成功，成為「新主流」，但他們心裡也是五味雜陳。雖然成為新主流，他們還是很怨恨群體中的多數人居然要花這麼久的時間才轉而支持他們的觀點，而且因為長期遭受多數人的白眼，所以反抗者上位後也很難信任過去反對自己的多數人。正是因為上述這種內心的怨憤難消，新主流無法平等看待新弱勢，而且會把新弱勢視為群體中的劣等人。正因為以上種種理由，才使得成為新主流的反抗者反而會想脫離整個社會群體。普瑞斯林博士在她的研究中也發現18，「通常不是群體中一直處於弱勢的人（穩定弱勢）最渴望脫離群體，而是那些地位獲得提升的人（過去的弱勢）最有可能想要抽離。」

如果你長期身為反抗者，有朝一日終於戰勝對手，切記多多留意自己的心理變化，並且鼓勵自己找出你和新弱勢那幫人的共通點。請壓抑你的部落意識，努力向過去的敵人遞出橄欖枝，盡可能找出彼此的共通點以建立認同感。

雖然在某些方面我們可能會覺得自己和對方天差地遠，但撇開意識形態不談，我們還是能從共同的興趣、生活環境或是過去的經驗著手，設法和過去的敵人找出共通點。例如你和對方的想法水火不容，但你們可能同樣是舉重運動員、雪茄愛好者、海鮮饕客，或者你們都生長於單親家庭，或者剛好喜歡去世界上最

重點思維

在現實生活裡，「新主流」容易對群體失去認同感，也很難立刻接納「新弱勢」。因此，即使新弱勢提出的意見可能很重要，新主流卻時常不屑一顧，而且新主流容易以激化對立的方式行事。

危險的遊樂園等等[19]。

你可以想想你小時候、青少年時期以及成年後，碰過哪些死對頭，然後試著找出你和這些人的共同點。你有沒有辦法想出新方法，讓原本你認知裡的「外人」變成你的「自己人」呢？成為新主流後，你應該要鼓勵自己放下心中對宿敵的厭惡，或者當你面對新弱勢時，你也該試著放下心裡可能產生的優越感。金恩博士曾告誡世人：「如果我們想要世界和平，那麼我們的忠誠就該奉獻給世上所有人，而不只是某一地區的人。我們的忠誠必須超越我們的種族、部落、階級、國籍，這代表我們必須培養出世界觀[20]。」所以你也一樣，一定要培養更廣闊的「世界觀」來看待你所屬群體中的每個小群體，即使你和這些小群體的關係不親近，你也應該這麼做。

反抗者的惡夢

一九六九年，耶魯大學在兩百六十多年的校史上首度錄取了五百八十八名女學生[21]，預計在一九七三年成為耶魯第一批女性畢業生。校內很多男學生無法接受，一位名叫莎拉・伯薩（Sarah Birdsall）的女學生記得，大二學長都很親切，也很願意幫忙她們這些學妹，但大四學長對新入學的學妹態度非常惡劣，「認為我們這些女生毀掉了他們就讀純男校的榮譽，對他們來說，女生只是週末娛樂時的玩伴。」而耶魯校方也沒有用心為女學生創造舒適的環境，例如他們沒有提供資源讓女學生參與運動校隊，而當一名女學生報名參加男生的足球隊，隊員們又以「為了學校好」為理由逼她退出。這些男隊員們根本沒打算好好處理男女合校之後帶來的新問題，甚至揚言只要有女性運動員參加比賽，他們就退出[22]。

這也難怪新主流（終於有機會進入耶魯就讀的女學生）很討厭新弱勢（無法接受男女同校的男學生）。當主流方失勢之後，他們一開始通常會表現得很討人厭。普瑞斯林博士和她同事研究發現，新弱勢往往會拒絕提供群體任何協助，但能利用群體的時候又會盡量利用，而且他們不僅對得勢的新主流充滿敵意，同時也認為對方一樣對自己充滿敵意而且不會給予自己任何協助[23]。這種態度，反過來又使得新主流對於新弱勢更加反感和不信任。

當得勢的反抗者認定失勢的前朝主流存心跟自己作對（這個現象，稱為「反抗者的惡夢」），反抗者就會以激烈的手段捍衛自己的地位，還會過度挑對方的毛病，只要對方稍有不尊重或排斥自己的跡象，就會用盡全力攻擊。但這一切只會讓好不容易成為新主流的反抗者無法專心追求原本的重要目標。當年耶魯有名女同學想要加入聲名卓著的《耶魯日報》校刊社，但她說「大家都覺得女性沒有機會擔任幹部[24]，我對此真的很反感，而且我認為這樣的氛圍強烈到讓我沒有動力做出任何貢獻。」

敵意只會孳生出更多敵意；戰火也只會引發更猛烈的戰火。另一名耶魯女學生回憶：「我覺得最糟糕的是我當時也跟著很多男同學一起鄙視女性……我認為不值得花時間認識其他女同學。當時的制度讓我產生這種想法[25]，但我現在不再這麼認為了。」基本上，這位女學生（或許很多女學生也跟她一樣）就是被有厭女情結的耶魯男學生影響了，導致自己也自然而然輕視一樣身為女性的同儕。

正是因為這種怨怨相報的心態，**新主流最後通常會背離自己過去重視的價值觀**。雖然過去他們重視異議的價值，認為群體內應該有各種反對的聲音，而且相信群體內的任何小群體都有權發聲並且應獲得關注。但當他們成為新主流後，腦袋就跟著換了，他們開始懷疑異議份子居心不良，也害怕自己還會像過去那樣繼續遭受攻擊，因此新主流會越來越排斥不同的觀點，宣稱反派觀點會阻礙整個社會群體進步。最後，新主流往往不願意再接受多元觀點，不願再聽到任何反對的聲音。

普瑞斯林的研究顯示，反而是新弱勢會變得越來越寬容，越來越能接受不同的想法，而新主流則是越來越難接受反對的聲音，認為異議不利於群體，他們對「認知多樣性」的重視程度比過去減少了百分之五十。結果就是新主流變得食古不化，就算勉強容忍新弱勢的聲音，態度也非常冷漠無禮。新主流不會鼓勵群體成員透過辯論交換不同意見，他們認為群體內只能有一種聲音——也就是他們的聲音。雖然以前自己身為反抗者，但掌權後看到群體內的其他反抗者時，只覺得這些人既危險又沒辦法帶來好處。事實上，一個群體內無論是誰當家，不同的聲音都很重要（第三章已討論過）。然而，新主流往往為了鞏固地位而打壓異議，造成自己無法繼續受惠於多元觀點，且埋下了未來衝突的種子。

如果你成為新主流，請對你的前宿敵遞出橄欖枝吧！請體諒新弱勢失去地位的痛苦，光是見到你，就會讓他們想起自己已然失勢的事實。想想你多年處於弱勢小群體，受盡排斥、打壓所承受的創傷，這種長期被人排斥的痛苦會影響你今日的心態和決斷，讓你無法理性對待過去的敵人。就算你的前宿敵很顯然不信任你而且對你充滿敵意，但身為掌握權力的新主流，你還是要想想你的負面情緒是不是有可能讓情況變得更糟？請你將心比心，想想過去自己處於弱勢的感受吧！

更重要的是，就算你的前宿敵對你充滿敵意，你也一定要壓抑自己想與他們對抗的衝動。普瑞斯林和她同事的研究顯示：新主流和新弱勢若能持續互動，久而久之雙方便能達成一定程度的和解。當然，一開始的互動氣氛一定尷尬又緊繃，但經過四、五次互動之後，新主流會發現跟對方合作變得比較容易了，他們也能比較快找到自己和新弱勢的共同特質和興趣。這時每個人對

重點思維

如果你已反抗成功，獲得權力還有大批擁護者，切記要讓群體內所有人—包括朋友、敵人及中立的觀察者—都知道：他們每個人的想法仍舊很重要。

所屬的共同群體認同感加深，也更願意為群體付出。只要經過時間和努力，過去的對立會漸漸消失[26]，取而代之的是一股剛萌芽的新合作精神。

反抗者的盲目

在法國大革命的高峰期，也就是一七九三年九月到次年七月的恐怖統治期間，有將近三十萬公民遭到逮捕，約一萬七千人被處決，還有數千人死於獄中[27]。值得注意的是，從法官搖身一變成為恐怖統治首腦的羅伯斯比，其實曾經大力反對司法暴力，他甚至在被迫判處一名囚犯死刑後憤而辭去法官職務。在一七九一年——恐怖統治的兩年前——他還公開主張「有些立法者偏好採用死刑和其他嚴酷刑罰來對付罪犯，不願尋求比較溫和的手段。這麼做不僅會使人民變得偏激，也會削弱人民的道德意識。這種官員就像是黔驢技窮的老師，只會用殘酷的手段懲罰學生，讓學生的靈魂變得麻木衰弱；這些官員把政府的發條鎖得太緊[28]，反而使政府失去了彈性。」然而，羅伯斯比掌權後卻率先制訂了一條新法：如果革命政府懷疑（沒錯，僅是懷疑就夠了）某人反對新政權[29]，即可判其死刑。羅伯斯比說：「法國只有兩個黨派：一個是人民，一個是人民的敵人。我們一定要消滅所有的敵人[30]。」

本章已經說過，原先的異議者在掌權後不太會接受多元觀點和異議，但羅伯斯比掌權後幾近瘋狂地打臉過去的自己，這行為顯示了新主流可能出現的另一種心理變化：**異議者勝利後有可能完全失去自覺和自省的能力**。羅伯斯比當時似乎沒有自覺：自己掌權後的作為完全違背自己過去的信念，他還在一場演講中宣稱，憲政體制的政府需要保護每位公民不受政府濫用權力所害，但「革命政權的政府必須保護自己並對抗所有攻擊政府的派系。在這場你死我活的戰爭裡只有好國民值得受到革命政府保護，而人民的敵人就該殺掉[31]。」從這番話完全看不出來羅伯斯比有意識到自己正在違背過往的信念。正如一名觀察家所說，死硬派的思想家會完全合理化自己暴行，事實上，「對他們來說，他們所犯下的暴行不過更加證明了他們有多麼不遺餘力堅守信念和實踐目標[32]。」

普瑞斯林和她的同事發現，群體內發生權力轉移之後[33]，新得勢者幾乎都會立即違背過去的信念而且還不自知。她們的實驗發現，**新主流上位後會濫用權力，制定有利於自己卻有害於新弱勢的規則，而他們制定這種規則就是為了鞏固好不容易建立起來的「新現狀」**。普瑞斯林的研究顯示，新主流之所以毫無自覺自己的作法違背了過去的信念，是**因為他們太害怕失去好不容易贏得的權力、地位和眾人的支持**。由於不確定新弱勢是否會支持新政權，新主流會很擔心自己的地位不夠穩固，因此他們相信若不用激烈手段鞏固權力[34]，自己好不容易贏得的一切將會成為曇花一現。這樣的想法佔據了新主流的腦袋，讓他們無法考量別的事情，例如他們就無法思考自己現在的作為是否合乎過去長期堅守的價值觀。

你必須常常「複習」自己的信念和價值觀，不要想著你要鞏固權力，而要專心思考你目前的作為所帶來的影響是否合乎你原本的期望？你希望後世如何評

> **重點思維**
>
> 如果想要預防自己在取得權力後便違背自己過往的信念，你就應該時時自我提醒，權力會蒙蔽人的心智。

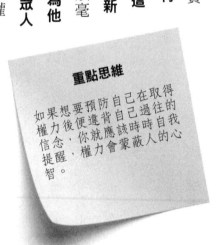

價你掌權後達成的成就？你有沒有可能用更寬容、更理性、更合理的方式行使權力？你有沒有遵守「己所不欲，勿施於人」的黃金守則？你有沒有像知名劇作家蕭伯納所說的那樣[35]——進一步瞭解他人獨特的需求和觀點，再決定該如何對待他人？為了讓你同情心不被權力蒙蔽，請務必遵守以下兩點領導者的重要原則：第一，不支持任何打壓弱勢的規範或措施；第二，不支持任何賦予多數人過度特權的規範或措施。你費盡千辛萬苦好不容易讓主流派和反抗者有了比較公平的競爭環境，你現在也應該要為了下一個世代的主流派與反抗者，盡力讓這個環境維持公平。

當個負責任的贏家

雖然我在本章舉了個幾個歷史事件為例，但反抗者勝利後該如何對待其他弱勢群體，其實是我們這個世代非常迫切的議題。現在有許多長期受到打壓的弱勢族群逐漸獲得他們過去從未享有過的權力，開始躋身主流的行列，例如美國社會現在對同性戀權利的支持到達前所未有的高峰；女性和有色人種的地位也大幅提升（雖然還有改進空間），使他們更有機會在學術界、商界、政界發光發熱。而美國的有色人種總人數，也不再是少數了。**36**

雖然這些弱勢群體尚未完全成為新主流，但他們未來成為新主流後該如何行使權力、肩負起哪些責任，都是現在就要好好思考的問題。新主流之中的優勢成員們已經準備好當個「負責任的贏家」了嗎？他們該怎麼做才能預防自己得勢後變得像過去的主流派一樣打壓失勢群體？很少人敢提出這樣的問題，因為怕被指責是「不瞭解弱勢族群過去長期所受的痛苦」。固然，弱勢族群都想獲得權力和尋求正義，但我們看了多本章提到的許多心理學研究後，我們要問：到底何時才能終止對他人的壓迫？我們最後的終極目標為何？哪些行動和策略可以幫助我們達成這些目標？除非（過去曾受到打壓的）新主流能夠釐清他們的目標，否則他們的心思只會用於爭權奪利、為自己人謀福利、剝奪社會上的平等和正義——而平等和正義可是他們長期努力追求的價值。許多弱勢族群逐漸獲得權力，的確可能讓國家社會更好，但若新主流無法成為負責任的贏家，那麼情況可能會變得比以前更糟糕。

過去遭受打壓的弱勢群體獲得權力之後一定要懂得自制。不能憑自己喜好，只尊重或關心跟自己有相同外貌或相同想法的人，應該還是要尊重多元意見、包容所有人，包括那些意識形態與自己完全不同的群體。我們的影響力應該來自於我們的思想和智慧，不是來自於我們的膚色、性別、社經地位、性向或其他表面上的差異。我們應該鼓勵所有人積極對話，讓每個人的想法都能接受檢驗和批評，並歡迎所有人勇敢質疑和挑戰他人的想法或作為。

然而，我們所有人——無論是新主流還是新弱勢——在質疑他人時一定要謹慎選擇表達質疑的方式。如今社群媒體當道，有些起初看起來很合理的質疑經過網路傳播後，就失控了。例如我們原本只想合理質疑某人言行的正當性，但我們的質疑透過社群媒體瘋傳後，可能迅速變成一隻毫無理性的怪獸，光是靠一天二十四小時的新聞連播就足以摧毀掉一個人多年累積的名聲，使對方丟掉工作、失去生計。有些力挺弱勢族群的支持者就曾經以這種粗暴魯莽的方式毀掉他們想對付的人。二〇二〇年美國斯基德莫爾學院有好幾名學生在網上發起請願活動，提出十五項訴求要求校方提升校內的種族平權和正義，而第三點訴求是要求校方立刻開除大衛．皮特森（David Peterson）教授。皮特森教授在該學院已經服務三十一年，然而當請願書一放到網路上流傳，他教的課全都被抵制，他在網路上也不斷被人謾罵騷擾，有人寄電子郵件恐嚇他，有人在社群媒體上發文說他有種族歧視、性別歧視、和跨性別恐懼。在他的教室門口，還有人貼上以下這段文字：同學止步！你如果進入這間教室，等於跨越了全校警戒線，破壞了全校同學對大衛．皮特森教授的抵制。所有人都知道大衛．皮特森歧視女學生，厭惡跨性別學生，基本上除了順性別白人男性，他都看不起……這間教室不是弱勢學生安全的學習環境，如果你還要繼續上皮特森教授的課，你等於在助長校內的歧視風氣。

皮特森教授到底做了什麼？其實他根本沒有種族歧視，沒有對學生惡言相向，不曾舉起寫著歧視言論的牌子，甚至沒有表達過任何特殊觀點。他只是有一次默默地和妻子參加了一個集會[37]，聽台上講者發表支持當地警察的言論。抵制事件發生後，該學院校長一邊考慮解雇皮特森教授，一邊根據學生的指控開始為期兩個月的調查，調查結果發現，學生指控的事情，皮特森教授一件也沒幹。然而只因為數千名義憤填膺的學生及當地社區居民過早妄下結論，一個六十一歲老教授的名聲就這麼毀了。之前許多人公開指控他有種族歧視、性別歧視、和跨性別恐懼，還有人寫文章毀謗他，刊在學生、教職員、畢業校友都可以看到的《斯基德莫爾校刊》上[38]，但最後卻沒有一個人為這些不實指控負責。明明沒有任何證據顯示皮特森教授的言行有問題，但學生還是能瞬間毀掉他在校奉獻三十一年的聲譽。上大學的目的不就是要習得以往不知道的資訊和觀點嗎？難道在要求校方開除某人之前，不該聽聽另一方的說法嗎？這個案例裡的學生，不僅忘記了公平和尊重，還營造了一股恐懼的氛圍，讓眾人不敢公開發表不同的意見。所以我們一定要時時提醒自己，千萬不要變成自己都鄙視的那種人。

當一個社會群體出現權力移轉之後，常會有人以嘲諷的方式來面對。這樣其實沒問題，前提是這種嘲諷是出於善意、理解，並且真誠地想要提供不同角度的思考。不管是當權者還是弱勢者，通常會急著駁斥這種嘲諷，但充分的幽默感正好可以體現出理想型反抗者的重要策略：用無傷大雅的方式挑戰主流思維。喜劇演員透過幽默可以道盡世間真相，說出許多我們大家都有注意到但卻不敢談論的事實。透過幽默，也可以質疑那些讓我們困惑的人事物。雖然前面提到的皮特森教授案例說明了，「想說什麼就說什麼」的態度是很有問題的，但另一方面如果說話時太著重「政治正確」，也一樣會有問題，因為太強調政治正確很可能會扼殺不同的意見或不同的表達方式。若某些很有幽默感的人注意到社會上各個角落發生的不公不義，於是出自善意以開玩笑的方式說出真相，社會其實能因此而受惠。

小布希總統因為九一一恐怖攻擊事件而出兵阿富汗，一打二十多年。名主持人兼喜劇演員史蒂芬·荷伯（Stephen Colbert）在白宮記者晚宴上不斷挖苦總統[39]，批評總統發動的對抗恐怖主義之戰，上演了一場白宮記者晚宴有史以來最具爭議的脫口秀節目（其實白宮記者晚宴本來就是讓記者們盡量挖苦總統以娛樂大

重點思維

成為新主流之後，除了要克制私慾、對新弱勢展現寬容和同理心（縱使新弱勢並未展現對等的友好態度），也應該欣然接受來自各方的合理質疑。此外，新主流也該培養點幽默感。

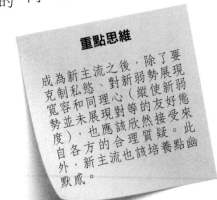

家的場合）。荷伯嘲諷小布希過早決定與伊拉克開戰、又過早宣布伊拉克戰爭結束：「我相信，最少干預的政府，是治理最好的政府。就這標準來看，我們在伊拉克建立了一個超棒的政府耶！」嗯，一句話就夠犀利。接著荷伯繼續說：「無論美國遭遇了什麼，這個國家總是能用最酷的大內宣照片來回復元氣。」

但美國保守派人士對荷伯的玩笑非常不滿[40]，仇恨郵件立刻如滔滔江水般湧進他的信箱，他任職的《喜劇中心》頻道說，他們在四十八小時內收到了將近兩千封電子郵件。請各位切記，若你過去長期遭受打壓，但如今已然得勢成為新主流，你一定要用與過去相同的標準看待別人說的「真話」，無論真話是支持還是批評你所屬的群體。最忌諱的就是雙標。如果你的政治立場偏自由派，而且你很喜歡看人挖苦保守派，那麼當別人針對自由派的缺點實話實說的時候，你一定也要展現同樣的心胸和幽默感。

現在要開別人玩笑但又不得罪人，越來越難了。也許我們不該過度堅持政治正確，即使是少數族群也應該可以被拿來開開玩笑，這樣我們的思想才能真正多元，社會才能繼續受惠於各種異議。《時代》雜誌曾經刊出一篇名為《什麼都可以拿來開玩笑》（Make Fun of Everything）的文章[41]，作者是喜劇演員基根－麥可．奇（Keegan-Michael Key）和喬登．皮爾（Jordan Peele），他們在文中感嘆現在很多人對少數族群都有莫名其妙的成見，好像你如果不是白人、不是男性、不是異性戀、不是四肢健全的人，你就很脆弱似的。他們也提出了一個很無奈的問題：「你是要開別人玩笑，還是要假設別人太過脆弱開不起玩笑？」事實上，我們應該平等對待多數方和少數方，現在社會上充斥著矯枉過正的政治正確和偽善的言論，看似在力挺少數族群，實際上卻扼殺了多元言論。難道少數族群的成員就沒有缺點、就不會犯錯、就沒有可以挖苦的地方？難道少數族群就該被正義魔人過度保護？當我們敢拿這種社會現象開玩笑時，我們的思想可能也往前進步了一點。脫口秀演員比爾．伯爾（Bill Burr）曾經在一個段子裡嘲諷這個社會對弱勢族群展現的偽善[42]：

……我們國家真是被一堆神經病搞得亂七八糟。你們知道布萊恩．克蘭斯頓（Bryan Cranston，按，《絕命毒師》男主角）吧？這老兄演過一部電影，他在裡面演一個四肢癱瘓的角色……然後居然有人因為這樣就不爽耶！他們在那邊囉嗦什麼「為什麼要找一個四肢健全的人演出四肢攤瘓的角色啊？」因為這叫做演戲，懂嗎？！如果真的找個四肢癱瘓的人來演四肢癱瘓的角色，那就不叫做演戲，那他媽只是躺在那裏唸某人寫的破台詞！

這位脫口秀演員用詼諧的表演點出社會的問題，這麼做對社會有益無害。無論被酸被嗆的是哪個政黨或哪個領域，當社會上出現不合理或甚至荒謬的現象，喜劇演員常常會以幽默的表演向大眾提出警示。

反抗者如今獲得權勢，但因為過去被壓抑得太慘，所以認為自己不可以遭受任何批評。這種心態也是可以理解。然而，新得勢的反抗者也該時常問自己，什麼才是真正的平等？少數族群在法律上和職場上獲得平等權利當然意義非凡，但只要我們仍舊認為身障人士、特定種族、性別或擁有特殊性向的人太過弱勢所以我們不能開他們玩笑，那麼我們等於還是把他們視為弱者，還是沒有平等待之。老羅斯福總統在他最著名的演講中大力鼓勵觀眾要當個真正站在競技場裡的人

43，「臉上布滿血汗與塵土，勇敢奮戰；會犯錯、也會一次又一次地暴露自己的缺點，因為沒有哪個努力的人從不犯錯或沒有缺點；然而，真正站在競技場上的人都會奮戰不懈……就算最後真的不幸功敗垂成，至少雖敗猶榮。」而踏入競技場的重要條件之一就是允許他人基於正當理由對你挖苦加嘲諷，也就是說，不要過度執著於政治正確，無論你本身是受到壓迫的受害者，或者你自認為是捍衛受害者的正義人士，都要培養足夠的心胸和幽默感接受他人指教。

本章提到的研究顯示，成為新主流的反抗者如果過度保護自己，不允許任何人攻擊自己，反而會造成誰都不樂見的嚴重後果。除非新主流和其支持者能夠時時戒慎恐懼，否則他們一旦掌權，恐怕也只是開啟了另一個不公不義的時期。我們這個分崩離析的世界最不需要的就是更多傷痛、更多敵意、更多勾心鬥角。但我們最不需要的東西似乎都難以避免。除非如今的新主流能夠成為比舊世代的反抗者更負責任的贏家，並且對被自己取而代之的新弱勢展現同情，我們才能真正受惠於成功異議者帶來的改變。

成為新主流後，切勿忘記幾件事：不要老想著我們才是對的，反對我們的人一定是錯的；不要不擇手段為了鞏固地位打壓新弱勢；不要只想著保護自己人，而是要努力維護整個群體內的不服從精神，因為不服從的精神永遠是推動社會進步的重要力量。

反抗者一旦掌權便要擔起重任，但責任也並非只落在反抗者肩上，新弱勢也要訓練自己保持開放的心態，迎接各種不熟悉或是很難接受的觀念。不過如果你是多數方的成員，當有人告訴你你的想法錯了，你該怎麼應對呢？下一章我們會談到，就算不是反抗者，一般人也可以改善社會，最好的方法就是傾聽與自己不同的想法，展現謙卑與求知慾。只有透過瞭解反抗者可能會碰到哪些亂七八糟的事以及遭受多少挫折，我們才會更願意傾聽他們的想法，進而從他們新穎的想法中受惠。科學研究已經歸納出一些原理與方針，讓一般人也有能力改變社會。

不服從成功要訣

1. **不要斷絕與前朝主流（新弱勢）的聯繫**。請壓抑你的部落意識，向過去的敵人遞出橄欖枝，盡可能找出彼此的共通點以建立認同感。切記要讓社會群體內所有人——包括朋友、敵人、及中立的觀察者——都知道：他們每個人的想法仍舊很重要。

2. **請時時提醒自己，權力會蒙蔽人的心智**。請常常「複習」你長久以來奉行的價值觀，不要再想著鞏固權力，而是要專心思考你目前的作為所帶來的影響是否合乎你原本的期望？你應該為下一個世代的主流派與反抗者盡力維持競爭環境的公平。

3. **培養批判性思維**。新主流應該欣然接受來自各方的合理質疑，因為質疑的力量正是重塑現狀、改善現狀和造福所有人所需要的力量。

PART 3

如果你真的很討厭異議者，該怎麼辦

第八章 若你身旁有人很喜歡提出異議：如何克服使我們停滯的心理障礙

這件事，就由你來擔了

我們已經看過很多勇敢反抗者的故事，這些鬥士為了整個社會、乃至整個世界的福祉，甘冒巨大風險，對抗現狀中的謬誤。我可以很驕傲地說，我也就認識一位這樣的鬥士，她叫雪柔·肯尼迪（Cheryl Kennedy），曾是水牛城大學生物醫學資訊系專門管理補助款的行政人員。二〇〇七年[1]，三十一歲的她還是一名研究生，也是水牛城大學研究中心的專案協調員，也是在這一年，她勇敢成為吹哨者。

她嚴重懷疑她的老闆威廉·法史都華（William Fals-Stewart）博士涉及學術詐騙。法史都華博士是我們共同的指導教授，也是名聲卓著的成癮症專家，多年來出版多篇研究，拿到一筆又一筆的高額補助金。然而在這些研究背後，很多學生（包括我自己）都覺得不太對勁，例如我們都不知道法史都華從哪弄來一百二十名夫妻參與某個藥物濫用治療計畫的研究數據。

雖然雪柔知道指控法史都華涉及學術詐騙可能會嚴重威脅她自己的職業生涯，畢竟當時法史都華是付她薪水的頂頭上司，而且她只是人微言輕的研究生，但她還是決定採取行動，因為她確信法史都華一定犯下了學術詐騙[2]。「我什麼都不怕，」她跟我說：「沒人威脅得了我，我管你是誰，我只做對的事情。」

我實在很想告訴各位：雪柔奮力對抗貪瀆的權威人士，然後自己毫髮無傷凱旋歸來。事實並非如此。她檢舉法史都華之後，校方根據她提供的資料要求法史都華到學術倫理委員會說明。委員會要求法史都華提供蒐集數據的醫療院所地址，而他也的確提供了一些地址，但倫理委員實地走訪法史都華所說的醫療院所所在地後，卻沒發現任何他有做過研究的證據，於是他們接著要求法史都華提供研究受試者親自簽署的同意書。然而，法史都華都還沒來得及生出同意書，他存放研究文件紙本（而且沒有副本）的倉庫居然發生火災燒毀。

校方成立的正式調查會要求舉辦一個聽證會，讓調查員聽取法史都華找來的目擊證人的證詞。但好巧不巧，法史都華表示聽證會那天他的證人剛好都在外地，只能透過電話提供證詞，沒想到調查小組居然相信了這樣的說詞，允許法史都華的證人以電話作證而不是延期舉行聽證會，結果每個證人在聽證會上皆透過電話作證法史都華的研究完全合法。現實永遠比小說精彩，這些所謂的證人其實都是法史都華付費雇用的演員[3]，他們根本不知道自己正在參與一場真正的聽證會（真的，我發誓我所說的一切屬實，絕無虛言），他們就是照著拿到的劇本念台詞，劇本還要求他們模仿法史都華真正下屬的聲音語調。就這樣，他們就在一場真正的聽證會上作了偽證。

還有更誇張的：每個演員的台詞都提到一個人的名字，他們都說這人最有可能縱火燒毀倉庫和文件，最有可能偽造數據，而這個人便是此事件的吹哨者——雪柔。校內有人偷偷告知法史都華是雪柔檢舉他，所以他才想出了這個讓自己脫罪兼復仇的計畫。

最後，學術倫理委員會根據多位「證人」的證詞裁定法史都華無罪，並且開除雪柔（實在難以置信）。到這裡，法史都華仍不善罷干休，他堅稱雪柔犯下學術詐騙，他還要控告水牛城大學侵害名譽。這下鬧得太兇，法史都華反而引火上身——他的訴訟案引起紐約州檢察總長的注意，經過深入調查後，紐約州檢察官以十四項重罪起訴法史都華，指控他偽造研究數據詐領政府補助款。幾週後，法史都華就自殺了。

雖然雪柔的檢舉最終真的讓法史都華受到制裁，但這個過程也幾乎毀了她。校方高層聽信法史都華的說詞後未按照正常程序就解雇她，即使檢察總長最後還她清白，她也沒有收到一分一毫的損害賠償，甚至沒有一個人跟她說聲對不起，沒有人支持她或者提供庇護。她跟我談及這段往事時直接說「我的人生幹他媽的就被這件爛事毀了」。即使到現在，她還是遭到許多學術界的同僚排擠。

聽聞雪柔講述這段故事的時候，我一方面被她的大無畏精神感動，一方面也為她遭受這麼多不公平的待遇而氣憤不已。我認為我們一定要想個辦法讓雪柔這樣的人不再遭受這麼多不公平的懲罰，如此一來社會才能從其他吹哨者口中獲得重要的真相，受惠於其他反抗者的理念和行動。當初有什麼方式能讓倫理委員會和其他校方高層認真看待雪柔的說法，並且更認真聽她說話呢？而我們其他人又該如何支持弱勢的反抗者，讓這些看似沒什麼資格發言的人能安心說出他們心中那些有可能造福社會的想法？

爬梳許多心理學研究之後，我發現我們心中有三大障礙讓我們難以接受不同的想法[4]。聆聽那些陌生、挑戰自我認知的想法，從來就不是件容易的事情，但如果我們能瞭解並克服心中的這三大障礙，就會更容易接受異議。我們天生的心理設定就是「接受權威人士的論點和想法」；而且總是有許多人對新事物不感興趣，他們會毫不遲疑支持現狀，排拒新想法，而我們天生的心理障礙也很容易讓我們受到這類人的影響。幸好，我們能透過自我訓練，讓自己用較無

重點思維

是你自己的心將新想法拒之門外，你自己甚至都沒意識到這點。還好，你能拿回接收資訊的掌控權，學著對不同想法更加包容。

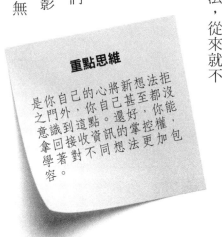

偏見的方式傾聽反抗者的聲音。我們不要在乎話是誰說的，而是要看話本身有多少價值。

障礙1：心理困擾

若我們身為主流或多數，就很不愛聽雪柔這樣的人說話，因為他們說的話都會讓我們有點心驚膽跳——他們會激起心理學家所謂的「焦慮茫然感（anxious uncertainty）」。其實人類天生就不容易接受新事物，我們會緊緊抓住既有的信念體系，而且如果既有的信念體系是由有權勢的一方所支持，那我們更容易不假思索全盤接受，因為我們以為正是這些信念建立起我們生活的基本架構和意義。因此，若是有反抗者突然提出挑戰既定認知的新想法，我們只會覺得不安、覺得茫然，而這樣的茫然就會造成心理困擾。

有時候，我們必須經歷不安和茫然才會成長[5]，只是這種體驗真的不怎麼愉快。一般成人如果在處理問題時感到焦慮茫然，那就不會冒險尋找有創意的解決方法，而是會盡量以熟悉的老方式處理問題[6]。學校老師總說他們喜歡有創意的學生，但實際上他們最喜歡的還是那些乖學生[7]。更糟糕的是，新想法不只會讓我們產生負面情緒，也會讓我們對負面情緒產生負面情緒，例如我們會害怕感到害怕，感到茫然，光是想到丟臉的情景就覺得丟臉。

那我們該怎麼擺脫這種情緒陷阱呢？**把我們自己從情況中完全抽離**是個很有效的方法，強迫自己當個旁觀者，遠遠看著一切。如果我們能擺脫以自我為中心的「當局者」心態，或許就能不受情緒影響，進而能更清楚地瞭解某個想法。科學家已經研發了一種很有效的心理策略，能幫助我們跳脫當局者迷的情況，就是「自我抽離（self-distancing）」[8]。

自我抽離是以標準的認知行為心理療法為基礎[9]，拓寬我們的視野，讓我們以客觀的角度看待眼前的情境，以及在這個情境中的其他人和他們的觀點。這個方法能幫助我們跳脫凡事以自己角度出發的心態，更有效地吸收外在重要資訊，使我們看清所面對的挑戰以及能夠採取的最佳行動，也讓我們不會因為過去的事件、自己現在的期望或判斷而扭曲自己的思維。

若想要聆聽異議，與反抗者交流，此時的自我抽離會有兩大關鍵步驟。第一，先仔細想想你傾聽反抗者說話時可能會碰到的挑戰。不願服從的反抗者往往會質疑你的認知，並提出不同的看法，而你會根據幾個因素對某個反抗者形成最初印象，包括他是否與你屬於同一群體、他的生理特徵（年齡、種族、性向、性別、身高、體重、美醜）、他的知名度（權勢或人氣）、他的個性。你可以承認：因為自己既有的偏誤，還有自己想要維持現狀的本能，因此要放開心胸聆聽反抗者的意見並不容易。

第二，請刻意以比較「寬廣」的視野來看事情。有兩個方法供你參考，第一個方法是以第三人稱跟自己說話10。與其坐在會議室裡聆聽某個腦袋特別不同的人大放厥詞，而你心裡碎唸「他在說啥真的聽不懂耶」，你不妨試著用第三人稱來描述整個情境和情境中人物的想法。

舉例來說，如果有個名叫布萊恩的行政人員正在檢視雪柔提出的檢舉法史都華博士證據，而布萊恩採用了自我抽離策略，那麼他內心的旁白應該是：

布萊恩看過法史都華博士的陳述，但布萊恩很好奇為什麼沒人發現有件事很奇怪——法史都華博士的文件都沒備份，而存放文件的地方就這麼巧失火了。對布萊恩來說，這簡直是電影情節，而且火災發生時法史都華又剛好在附近。布萊恩很想把自己的懷疑告訴萊倫斯（另一名行政人員），但布萊恩沒有說，他也不理解為什麼學術倫理委員會的成員都沒有提出類似的看法。如果布萊恩想的沒錯，那麼其他人應該會說出同樣的想法。結果，布萊恩沒有提出心中的疑問，而是跟著其他人一起認定法史都華博士是無辜的。

要在心裡想出這種自我旁白，好像很奇怪，但請抗拒以「我」來敘事的本能。當你有情緒的時候，可以問問自己會什麼會有這些感受，但不要問「我」為什麼會有這種感受，而試用自己的名字來問，例如「布萊恩為什麼會這樣覺得？」如果你一直用「我」作為句子的主詞，那就很難自我抽離，改從旁觀的角度去質疑自己的想法和信念，也很難對新觀點抱持開放態度。

為了減少偏見帶來的影響，碰到容易引發情緒波動的事件時，為了釐清自己真正的想法和感受，你應該以自己的名字（或者非第一人稱的代名詞）在心裡描述所見所聞：用「你的名字」來指稱自己，用代名詞「你」來跟自己對話。

假設你叫做陶德，在職場上碰到不順利的事，此時可以這樣描述：「陶德很沮喪，覺得在工作上不受人賞識，沒人想聽陶德說話。別人提出了幾乎和陶德心裡一樣的想法，大家就點頭稱是；但如果這想法是陶德說的，就沒人理睬。所以啊，陶德你下次要先想個夠吸引人的開場白再說話，也要根據當下情況調整你要傳達的訊息。」這就是採用自我抽離的方式來談論自己的情況，你像隻「牆上的蒼蠅」[11]，以旁觀者的角度觀察自己，模仿一些裝可愛的名人網紅用本名稱呼自己，不過你跟那些裝可愛的名人不一樣，你這麼做是為了練習傾聽，這樣你才有能力接收並消化對你來說過於新奇但又極具價值的想法。

上述「第三人稱描述法」的自我抽離，不但可以用來瞭解自己的情緒和想法[12]，也可以用來繼續深入探究這些情緒和想法產生的原因。當我們以第三人稱來探究自己的情緒反應，我們就會拋去過往的自我判斷，跳脫心中原有的成見和偏見，這麼一來，無論是與他人溝通還是和自己對話，都會變得更簡單。也許你曾發現，當朋友向你尋求建議時，你通常能夠很有效率地解決他的問題，比起解決自己問題的時候有效多了。而你現在也學到了這個實用技巧，能助你在自己面對的棘手情況中，持續用開放且有創意的思路來看待人事物。沒錯，你自己就可以成為幫助你解決問題的朋友，你要做的事情就是改變跟自己對話的方式[13]。

西北大學和史丹佛大學的科學家曾研究過「夫妻以自我抽離的方式省思後，兩人的關係會有何改變」，結果令人很振奮！參與研究的夫妻要用第三方旁觀者的角度來觀察兩人的互動，並且思考這個旁觀者會有什麼想法和給予什麼建議，然後把這些想像的建議寫下來。雖然這項練習只需幾分鐘，卻讓參與的夫妻在接下來的兩年間彼此更加恩愛和諧[14]，無論過去吵得有多兇，夫妻關係都能獲得改善。在軍中，士兵們在歸詢簡報中也常用自我抽離的方式來解說任務（不管成功或失敗）[15]，因為這種方法真的能幫助人更客觀分析事情。

另一種自我抽離的方法是放寬你的時間範圍。以下就是如何在情緒波動的時刻進行「放寬時間範圍」的例示：

閉上雙眼，想像五年後的人生：五年後的自己會怎麼看待現在遭遇的難題？

好好思考五年後的自己在回想如今的難題時會有什麼想法和感受。如果不必在乎別人的觀感，你今時今日會說什麼話、做什麼事為未來的自己帶來正面的影響呢？未來的你又會怎麼看待「現在因為害怕而不做某些事情的你」，或者「儘管害怕卻還是鼓起勇氣採取某些行動的你」呢？思考這些問題的答案之後，記得要做出現在可能不會讓你太開心、但能讓未來的你很受用的決定。盡可能不要做出自己未來會後悔的抉擇16。

當我們碰到某些挑戰既有認知的新想法，我們通常會做出讓自己短期內覺得安心的決定，而不會想得太長遠。但不服從的行為很少能立即帶來改變，反抗者的行動往往要長期持續才能見效。因此，我們必須克服「排斥新事物」的天性，而克服的方法便是認真想像一個因為新奇想法而變得不一樣的未來。一味反對新想法的人，都是想太多的人，他們認為要實現新想法總有太多麻煩和困難，就算這些新想法很明顯值得一試，他們還是裹足不前。為了避免故步自封，我們可以預先想像：實施了新想法之後，未來會變得怎麼樣。與其老是想著「現在的困難」，還不如運用思考能力和想像力，想想這些新想法可能帶來的益處。當我們採用不帶偏見的方式構想出一個未來，這也能進一步鼓勵我們行動。

自我抽離是我們與反抗者互動的時候，一種很實用的策略，而且我們只是改變一下自我對話的主詞17，不費多少時間力氣就能有很大收穫。研究已經證實，只要改變心中敘事的人稱觀點，就能讓人更從容應對令人不快的事件18，減少心中困擾，還能降低血壓和罹患心血管疾病的風險，使我們更善於洞察人心世事，更有能力積極行動。學會自我抽離的人比較不會擔心自己會因為其他人或事而感到沮喪，他們也會更加虛心求知，即使碰到完全背離自己意識形態的想法，也能以更寬廣的心胸去傾聽19。

自我抽離很簡單，卻能帶來長久且深刻的影響。許多研究顯示，受試者在進行自我抽離後的幾天到幾週內，會變得更善於應對生理和心理上的痛苦，因此能空出更多時間、心力做更多重要的事情，並且從困難的抉擇中體會到更多人生意義。研究也顯示，自我抽離能讓我們更能做到「對事不對人」和「不以人廢言」。最近有項研究發現，受試者自問「我是誰」跟自問「某某某（受試者自己的名字）是誰」的時候，會用不同的角度來思考自己是什麼樣的人。如果規定受試者用「我」的句式來描述自己，通常會用具體的詞彙來描述自己屬於哪些群體（例如自由派、無神論者、猶太人等）；但如果試著用「自己的名字」這種旁觀者的角度來描述自己，通常會選用比較抽象的詞彙來描述自己的性格特質[20]，例如性格沉穩、活潑外向、愛好藝術、富創造力等。

如果要求受試者用同樣的方法，去描述他們的朋友，也會獲得類似的結果。首先，受試者想像自己就是自己的某位朋友（例如這個朋友叫阿德），然後再自問「阿德是誰？」這樣的問法一樣會讓受試者更著重於描述朋友的「性格特色」，較少提及朋友所屬的群體。由此可見，自我抽離似乎能讓我們比較不去關注反抗者所屬的群體，而是更聚焦在個人特色。採用自我抽離的方式和自己對話，能幫助我們用完全不同的角度看待自己和他人，進而用更加開放的心態傾聽異議份子的意見。

重點思維

新想法有可能造成心理困擾，因此可用自我抽離來避免，讓你自己更樂於接受新事物。

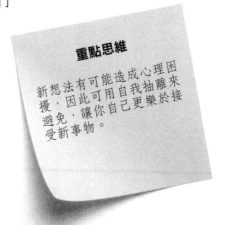

障礙二：過度自信

如果要和反抗者好好相處，我們要做的不僅是跳脫自己的情緒，我們很容易忽視雪柔這樣的人，有一個很重要的原因是我們以為自己什麼都知道了[21]。我們常自以為很懂某個議題（尤其受過相關專業訓練的人），又或者我們都很容易覺得自己的看法一定是對的。獲得學位、證照或專業證書反而使我們過度自滿[22]，進而使我們忘記自己並非什麼都懂，我們會忘記自己的知識有限，忘記自己也有盲點和偏見，忘記自己有時候答對某些問題也是靠運氣，或者忘記自己根本不瞭解某件事情的來龍去脈。此外，如果我們覺得自己的見聞和感受都跟所屬群體內的成員很接近，那我們對自己的想法就會更深信不疑。某些研究發現，如果讓受試者想起自己的政治立場或自已具備的社會身分[23]，受試者就會更加自以為是，進而更不願意去瞭解新的論點和想法。還有研究發現，一個人越不瞭解某個議題[24]，在面對該議題時反而會越固執己見。也就是說，無論我們是知道得太多還是太少，我們的心胸都會特別狹隘，而且對自己的想法過度自信。

好奇心在生活中的許多層面都對我們很有助益[25]，可以幫助我們獲得更高的學識，帶領我們成長。好奇心強的人不只在面對艱難挑戰時能撐得更久，也能表現得更好、更不容易倦怠。有份研究曾讓受試者回想過去一個「自己感到很好奇」的時刻[26]，結果發現，光是「回想感到好奇時」身心展現出的能量，比起「回想過去一個很快樂的時刻」，高出了百分之二十。如果我們想克服心中排斥異議的衝動，想逼自己聽反抗者說話，那麼清楚的頭腦、充足的精神和堅韌的個性缺一不可，而好奇心則能幫助我們更用心聽他人說話。很多時候我們並沒有真正用心傾聽異議者提出的想法，因為我們花太多時間信心滿滿地表達我們的立場和看法，所以無法認真聽他人說話。好奇心能夠把我們從自我中心的狀態抽離，讓我們有機會接收更多很棒的想法。

重點思維

如果我們覺得自己很懂了、做的決定很完美了，那我們就不可能從理想型反抗者那裡學到益處。幸好，這種大頭症還有得救，方法就是培養一項極珍貴的特質——好奇心。

要增長好奇心並不難[27]，只要學著提出更多且更好的問題。當你聽到一個與你立場相左或是非常陌生的觀點，請你先做好「質疑自己原有想法」的準備。你可以問自己：這些反抗者知道什麼我不知道的資訊嗎？我該怎麼做才能將他獨特的觀點為我所用，以改善我的生活和思考方式？此外，你在跟與你意見不同的人對話時，記得別急著展現自己多聰明多厲害，也別急著解釋你為什麼一定是對的而對方一定是錯的，你應該請對方好好說明為什麼他們的想法比較有用[28]。例如你可以說：「你的看法讓我很感興趣，你可以再多說一點讓我知道你怎麼會有這樣的想法嗎？」

我們面對新想法的時候太常在心裡豎起太多盾牌，只為了捍衛自己的論點，但這麼做無法得到任何收穫。哲學家艾倫·狄波頓（Alain de Botton）長期觀察後得出一個結論[29]：很善於談話的人不僅善於傾聽，更重要的是要很會「抓準時機插話」。不過這些插話高手並不像大多數人是「為了搶著表達自己的想法而打斷別人說話」，而是為了「幫助對方釐清一開始最在乎，但又有點說不清的論點」。在一項實驗中，研究人員要求一組受試者聽到某人提出相反觀點時專心想著自己的論點，然後要求另一組受試者聽到相反觀點時構思一些開放式問題，這些問題的目的是要引導對方進一步釐清他們為什麼會有這樣的想法。主導該實驗的學者說：「光是藉著想出問題來引導對方反思自身觀點[30]，就足以改變一個人聽到相反觀點時的反應。」研究人員發現，如果一個人在談話的時候不要老想著說服對方接受自己的觀點[31]，而是把彼此的互動當成獲得新知的好機會，那麼談話的雙方都會覺得更愉快、能抱持更正面的態度看待對方的觀點、也會更樂意與對方再次交流。如果你想跟不同想法的人有更愉快、更多收穫的互動，那就必須時時提醒自己：對話是為了獲取新知，不是為了說服對方。你應該表現出你很有興趣瞭解對方的想法，可以藉由一些明顯的非言語信號來展現好奇心，例如點頭、歪頭、直視對方、因為專心聆聽而稍微瞇眼、不時發出「嗯哼」的聲音讓對方知道你有在聽。你認真聽對方說話是為了學習新知，不是為了找機會說服對方接受你的想法。聆聽時抱持不同的心態會產生完全不同的結果，只有抱著學習的心態與不同觀點的人交流，你的心靈才能受到異議的刺激而變得更開放、更自由，你也才能從異議中得到收穫。

在另一項研究中，光是因為出於好奇而提問——而且是一個沒有標準答案的開放式問題，為了瞭解對方為何會有某個想法——就足以使抱持對立觀點的兩人不再劍拔弩張。這種出於好奇心的問題能讓發問的人更容易接受對方的觀點[32]、更樂意繼續與對方討論，也更有可能發現對方雖然與自己看法相左，但還是相當善良、聰明、客觀、講道理、品行端正、心胸開闊[33]。一般人與陌生人初次交談的十五分鐘之內，提出的問題不會超過六個，而如果是在網路上聊天的話，你能做的就是打字、閱讀、思考。然而，僅靠六個問題也足以讓你在線上聊天時一窺某人的個性、興趣和價值觀。

當然，問更多問題能幫助你更瞭解對方，但問題的數量並非關鍵，重要的是你要問什麼樣的問題。有兩項研究的學者發現多問點「跟進式問題」（按，為了釐清對方想法而持續提問，這種問題就是跟進式問題），最能促進友善交流，也能讓發問方更積極瞭解對方的想法。同時，被問問題的那一方對發問者的好感也會增加，而且會覺得發問的人很體貼、很在乎他人想法、也很令人安心。

請利用好奇心來打破你的過度自信。很多人都誤以為「善於談話」就是要很會說話、很有說服力，這種迷思使我們難以和反抗者好好交流或欣賞對方的想法。事實上，這種迷思不只會害我們無法跟反抗者好好溝通，也會害我們跟任何對象都難以好好溝通。大多數人談話的時候滿腦子想的都是自己要說什麼、要如何在他人面前展現得機智風趣、妙語如珠、辯才無礙，好讓對方欣賞我——殊不知，科學研究告訴我們，這麼想實在大錯特錯。

大多數人都希望談話的對象能真的有興趣瞭解我們的感受和想法——想瞭解什麼事情會讓我們困擾、好奇或開心。你如果是一個很會談話的人，那就應該渴望知道對方有興趣的事物[34]。你可以提出類似這樣的問題：「你在煩惱什麼？」「是什麼讓你對某事有興趣？」「某事是怎麼發生的？」「你可以跟我多說點關於某事的情況嗎？」「當某某事發生的時候你有什麼感受？」「關於這點你還有什麼想法嗎？」一切記，如果你想成為真正的「談話高手」，就不能以自我為中心。

請把你的注意力放到對方想表達的事情上，然後少說點自己的想法，多問些問題。而且當你問「為什麼」的時候，是要真心出於好奇而問，而不是為了批評。出於好奇而問的「為什麼」目標很單純——就只是為了進一步瞭解對方的想法或作法；為了批評而問的「為什麼」只會讓對方覺得自己的言論和行為遭到責難，進而加深雙方的隔閡。如果你問對方「為什麼」的時候心裡想的是「你這人來亂的喔？」或「你有什麼毛病啊？」那麼你不只會看起來像個渾蛋，你也不可能讓別人坦白說出自己的想法。

如果想跟反抗者或像雪柔這樣的吹哨者有良好互動，透過提問與展現好奇心，能夠讓整個情況大不同。在法史都華博士的案子裡，雪柔指控說，法史都華博士出版了一篇論文，其中提到有一百二十對夫妻參與療程，但雪柔仔細閱讀過文件後卻只發現三對夫妻的資料。此外，雪柔也提到，法史都華博士支付工作相關費用通常不用支票或信用卡，而是用現金，但這很奇怪，因為如果你要跟政府申請補助款，就必需提供詳盡的單據或紀錄，而使用現金並不便於開立單據或建立紀錄，她覺得光是這點就夠可疑了。但不幸的是，調查委員在審閱資料時並沒有展現出像雪柔那樣的強烈好奇心，他們不只沒有深入調查雪柔提出的疑點，也沒有懷疑法史都華博士找來的證人是否可信[35]，而且也不曾質疑為何自己會自然而然地認為法史都華的說詞比雪柔可信。就是因為這些調查委員自認為已經知道所有該知道的訊息，所以才覺得沒必要多問些問題。

問出很難回答、甚至有可能打臉自己的問題，往往會讓我們覺得難堪，為了不要自找麻煩，我們常常直接根據自己的假設做判斷。我們會把事情過度簡化，例如認為所有非裔美國人的政治立場都是自由派[36]，或者認為所有共和黨員都毫無疑問支持川普[37]。我們也很容易把錯綜複雜的議題用二分法來看待，例如覺得某人不是支持墮胎就是反對墮胎，不是支持言論自由就是反對言論自由。正因為我們容易把事情過度簡化或者用二分法來看事情，所以就不會去思考該問什麼重要問題。

如果想跟反抗者交流愉快，我們必須抗拒內心想直接用二分法看待一切的衝動。世界上沒有完全的好人或完全的壞人，我們大多數人都同時抱持著不同的價值觀、展現不同的行為，我們一生中做了成千上萬個決定，有些決定符合社會道德標準，有些不符合，有些則處於中間。所以，當你面對自己不熟悉或不喜歡的人和想法時，多展現點好奇心吧！我們一起探索這世界各種新奇、神秘又令人費解的事物吧[38]！一起擁抱這世界的複雜多元，不要輕易把別人或別人的想法以過度簡化的方式分類[39]；我們一起用求知若渴的心態，多花點時間問問題吧！你不可能永遠順心如意，但你可以一直保有一顆熱情好奇的心。

障礙三：偏執的心態

有一間民宅發生了竊盜案，警方逮捕了三名嫌犯。假設你是調查人員，手上有三位嫌犯的照片、名字、職業、自述不在場證明、前科紀錄、遭到逮捕時所持有的物品、以及被逮捕時對警方的態度。如果三人資料如下頁表格所述，你覺得誰最有可能是真正的犯人呢？

你可能已經注意到，嫌犯史蒂芬的不在場證明很薄弱，而且他有前科，警察逮捕他的時候他身上又剛好有四百美元外加一支螺絲起子，他還是三人之中唯一失業的。所有線索都對他不利，而且三人之中只有他是黑人。

有一項非常精彩的研究找來一群受試者扮演此案的調查人員，要求他們考量過三名嫌犯的資料後[40]，用筆圈選出誰最有可能是竊賊。受試者當然圈選出史蒂

姓名	彼得	馬克	史蒂芬
案發時不在場證明	跟教會團契朋友打橋牌	在遛狗	獨自在家看電視
前科	超速	無	竊盜罪服刑6個月
遭到逮捕時身上持有物	35美元、一副撲克牌	一隻黃金獵犬、牽繩、香菸、總計6美元的零錢	400美元現金、螺絲起子、口香糖
遭到逮捕時的行為	配合警方	辱罵警方	配合警方
職業	會計師	房地產仲介	無業

芬。然而，實驗到此尚未結束，這時受試者被告知，先前有另一位受試者也做了同樣的測試。研究人員把一個文件夾交給這些受試者，打開之後是先前那位受試者手寫的紙條，上面寫著：「我拒絕做這種圈選。這個任務明顯充滿偏見。你們很明顯就是要讓黑人看起來嫌疑最大，這樣太過分！我拒玩這種遊戲。」這段話會不會太粗暴啊，這個受試者居然指控研究人員有種族歧視。

那麼你覺得看到這張紙條的受試者們，會對這位「道德勇士」

有什麼想法呢？你可能以為這些人會十分讚賞這位道德勇士的膽量，佩服他勇敢指出實驗設計有偏見，有種族歧視的嫌疑。但情況並非如此，受試者們反而覺得這種正義魔人很討厭，很固執己見，而且還很玻璃心，碰到一點小事就亂開嗆。也就是說，當參與這項試驗的「偵探們」看到有人採取他們之前沒有採取或不敢採取的立場，他們的反應竟然是不想跟這種人當朋友，也不想跟這種人共事。

我們很不喜歡反抗者這種人，原因不僅是他們的想法會讓我們不安，不僅是我們容易自以為是，更因為這些人會讓我們痛苦地發現自己的不足之處。如果你曾在成癮症研究中心跟涉嫌詐騙的法史都華博士共事過，你也有可能會討厭雪柔並駁斥她提出的證據，畢竟如果她是對的，那不就等於你過去這麼長一段時間都沒能發現罪犯就在你身邊？身為高知識分子又與法史都華長期共事的你，大概會覺得雪柔能發現你沒注意到的問題，實在讓你很難堪吧！承認自己的不足是很痛苦的，與其貶低自己還不如貶低別人，所以你很有可能會藉由貶低雪柔來遮掩自己的不足。

既然知道我們有可能因為害怕承認自己的不足而排斥反抗者的想法，我們就要透過另一個方法幫助自己更願意接受與眾不同的觀點：**刻意謙卑（deliberate humility）**[41]**，也就是時時提醒自己仍有許多缺點和不足**。不過刻意謙卑聽起來違反了人類天性，畢竟我們都很怕承認自身缺點，害怕因此而丟臉，所以我們怎有辦法承認自己不夠好呢？

答案很簡單，就是「轉念」：當我們碰到優秀反抗者時發現自己懂的比他少、品德比他差，我們還是可以把這種自知之明當成一種優點、一種美德，這樣就無須覺得難堪。一旦我們能做到刻意謙卑，我們就不會拼命為自己打造一個虛假的完美形象。刻意謙卑能讓我們更願意力挺為正義發聲的弱勢反抗者，而不是當個沉默的縮頭烏龜。刻意謙卑也能使我們變得更有智慧[42]，畢竟一個人要增進智慧必須先瞭解自身不足、尊重他人觀點、虛心接受批評、溫和有禮地表達自己的想法。只要我們能時時想到謙卑可以使我們更有智慧[43]，我們就能更加包容與我們有不同意識形態、想法或行事作風的人。

練習刻意謙卑可以使我們更加虛心求知，進而用更寬闊的心胸看待不同的想法。不過要怎麼練習呢？你可以回想過去某個「自以為了不起」的時刻，例如你可能曾經因為自己的好表現而覺得自己好棒棒，可能曾經在別人提出看法的時候表現得不屑一顧或毫不留情加以反駁。請你在腦中回想以前那個你太過於自負的時刻，盡可能越逼真越好，然後再想想你這麼自以為是之後的那幾天，你對自己的言行舉止又有什麼看法？把你的感受寫下來，用旁觀者的角度重新仔細檢視過去那些自負時刻，就像一個觀眾在看一段影片一樣。

如果用這種角度重新檢視過去，你對影片中的自己會有什麼看法？如果影片中的人換成現在的你，你會有什麼不同的舉動嗎？最後，請根據對過去的反省來思考未來你該做出什麼改變。這樣的省思和自我質疑真的很有幫助[44]，已經有許多研究發現，練習過這種省思方法的人都變得更謙卑、更寬容、更有耐心、也更不容易過度苛求他人和自己。

在六間不同大學所做的不同研究中[45]，科學家一致發現：當雙方意見相左時，謙卑的人會更樂意瞭解反對方的想法、給予對方更多尊重，並反思自己的觀點是否真的無懈可擊——這些舉動都能幫助謙卑的人獲取新知。因此，下次你如果發現身邊有人想改變你所熟悉的現狀，請告訴自己：這些人一定知道些你不知道的事情，而你的任務就是想辦法弄清楚他們到底懂什麼你不懂的。切記，你碰到新資訊時應該要把握機會更新你腦袋裡的認知數據庫，這樣你才會成長！想想看，如果十年後你腦袋裡的東西和現在一模一樣完全沒增長，那是多悲哀！然而，若你不能以虛心求知的心態和意見不同的人交流，那麼你只會一直想著要怎麼說服對方接受你的看法；若你卡在這種「說教模式」無法自拔，就不可能拿出真正的求知精神努力瞭解他人的看法。

敞開心扉，你會有更多更棒的選擇

推動社會進步並非只是反抗者的任務，我們其他人也必須肩負起責任：我們必須冷靜傾聽、評估反抗者提出的意見，並欣然接受能協助改善現況的想法。本

重點思維

社會需要少一點拼命說服別人的人，需要多一點謙卑的人，才能消弭社會上因認知不同而產生的分歧。請你勇敢抗拒想把事情過度簡化的衝動，並抱持著謙卑與好奇的心態探索複雜的真相。

章強調，要跟反抗者打好交道，並非只需聽他們把話說完，我們還需要克服許多心理障礙、放下情感包袱，我們才有機會理性評估那些新奇獨特的想法。

我們都要記得什麼才是最重要的。吹哨者、政運人士、藝術家、科學家以及其他所有敢於用不同的方式來思考的人都是推動社會進步的力量，世界需要多一點像雪柔這樣的人來發現社會體系中哪裡藏汙納垢需要清理、哪裡發條鬆了需要鎖緊；我們需要他們向眾人大聲疾呼「這是不對的！」或「我們可以做得更好！」而我們也需要他們告訴我們何謂「更好」，因為他們往往能想出我們想不到的方式來解決問題。

現代社會不斷變遷，改變速度之快前所未見。無論是因為疫情、科技進步、世代更替或其他因素，我們很多人都必須在很短的時間內拋棄過去幾十年的習慣和作法。如果連最博學廣識的專家們都無法預測接下來會發生什麼改變，我們只能自己不斷嘗試找出最好的方法，以便養家糊口、教育孩子、照顧父母。既然要透過嘗試來找出最佳生存策略，那麼供我們嘗試的選項當然是多多益善。如果我們想要有更多選項供我們嘗試，我們就必須敞開心房，學著聆聽不同的觀點、培養好奇心以及求知若渴的精神。

不只「個人」要學著歡迎及正視異議份子的想法，社會上各種「群體」也要學習寬容與謙卑。非常多推動社會進步的事例出現在學校、企業、社群或其他社會情境中。然而，群體內根深蒂固的運作模式往往讓我們難以接受不熟悉的新思想或有可能挑戰常規的觀點。因此下一章要談的是我們可以如何改變群體內的常態和文化，讓各個社會群體都能更包容甚至歡迎內部的異議份子，進而更有機會受惠於異議份子們的獨特見解。

不服從成功要訣

1. **與反抗者互動的過程中，若想讓自己獲得最大益處，你就必須練習「自我抽離」**。懂得「自我抽離」的人比較不怕丟臉，也會比較謙卑，更願意傾聽不同立場的觀點。
2. **培養好奇心**。當你聽到一個與你立場相左或是非常陌生的觀點，請你先做好質疑自己原有想法的準備。請把你的注意力放到對方想表達的事情上，然後少說點自己的想法、多問些問題。

3. **為了讓自己能用更開闊的心態看待反抗者的的觀點，請練習「刻意謙卑」**。當我們碰到優秀的反抗者，發現自己懂的比他少、品德比他糟，我們還是可以把這種自知之明當成一種優點、一種美德，這樣就無須覺得難堪。這麼做能使我們更願意力挺為正義發聲的弱勢反抗者，而不是當個沉默的縮頭烏龜。

第九章

向異議者學習

如何打造對異議者友善的群體文化？

一九九四年十二月二十五日，當天一切看起來都很正常，天空晴朗無雲，美國海軍飛行中尉卡拉・荷林（Kara Hultgreen）正要將她駕駛的F-14雄貓戰機降落在林肯號航空母艦上。她在距離降落區不到一哩之處做了最後一個迴轉，此時戰機的兩個引擎都還正常運作，但就在她駛近降落區時，戰機左引擎失去動力，使她嚴重偏離著陸區的黃色中心線，戰機也急速左傾。雖然荷林試圖強行修正著艦角度，整架戰機最後還是翻覆墜入太平洋。當時坐在她身後的馬修・克萊米希中尉（Matthew Klemish）在戰機墜海前，及時為自己和荷林按下緊急彈射按鈕，克萊米希成功彈射之後，荷林座位的彈射系統依照預設會比克萊米希遲延零點四秒才彈射，但這麼一點時間的差距，戰機已經栽入太平洋中，座艙蓋因為海水壓力無法打開，而荷林就以頭下腳上的姿勢直接被彈射到座艙蓋上撞擊身亡。

這場意外不只是可怕的悲劇，也使美國海軍捲入了一項極具爭議的政治論戰。意外發生前一年，美國國會為了配合高張的女權運動，不顧軍方反對，廢除了「女性不得擔任作戰任務」的法律[1]。海軍高層也感受到來自政界的壓力，於是決定必須在一九九四年結束之前培養出第一位戰機女飛官，而這位女飛官就是荷林。但現在荷林卻因意外身故，大家都想知道原因，難道女性真的跟軍中許多男性所說的一樣，不適合擔任作戰任務嗎？還是海軍倉促訓練，為了讓荷林盡快上線，並未給予適當的培養？還是說，這次意外肇因純屬器械故障，與人為無關，荷林只是運氣太背？

作為海軍最高法律機關的海軍軍法署釋出的官方調查報告宣稱[2]，悲劇的原因是器械故障，但次年三月，有一位吹哨者洩露了海軍安全理事會所做的內部調查[3]，該調查的結論是：飛行員操作失誤導致墜機[4]。揭露此事的是海軍上校派崔克・伯恩斯（Patrick Burns），他把荷林的訓練歷程紀錄（這是機密）洩露給一個獨立組織「軍事準備中心（Center for Military Preparedness）」[5]，然後該組織再把此事洩露給媒體。荷林的訓練紀錄顯示，海軍軍方評估她的訓練成果時的確有放水。一般男性飛行員受訓如果著艦失敗累積三次就不能再開戰鬥機，但荷林的成績單上卻顯示她過去已有四次著艦失敗紀錄。

可能有人會覺得洩露荷林訓練紀錄的伯恩斯上校就是個頑固沙豬，見不得女性成功，荷林中尉和其他女兵在軍中都遭受龐大的壓力，包括來自男性同袍的敵意。有些男性軍官很不爽荷林能獲得這麼多媒體關注，還有記者常到基地觀察她的日常；有些人則堅信女性就是不如男性。就算有些男性軍官對女性同袍沒有太多偏見，很多人還是不知道該怎麼跟女性同袍互動。前空軍部長麥瑞爾・麥皮克（Merrill A. McPeak）在服役婦女國防諮詢委員會於一九九三年舉辦的一場會議上曾說：「我認為允許女性作戰和投擲炸彈是個錯誤。我個人無法接受，無法想像一群老男人指揮一群年輕女性衝鋒陷陣[6]。」

除了人為阻力，還有很多因素也讓女性飛行員的日子很難過，例如：海軍的設備並不適合女性的身體構造，戰機座艙內幾乎所有一切零件都是根據男性生理構造設計的[7]，而男性身高平均比女性高十多公分，手的長度也比女性長二公分。若座椅的高度和傾斜度、肩部／背部／臀部支撐、身體與踏板和操縱桿之間的距離以及控制面板上按鈕之間的距離等，都不符合女性人體工學，她們就更難安全駕駛戰機。

荷林本人並不希望軍方對她的訓練成績放水，她想要的是一個公平競爭的機會。她本人曾說過：「我認為海軍沒有義務要讓女性在軍中順利發展，重點應該是適才適任[8]。如果因為我是女生就讓我用比較低的標準通過訓練[9]，那等於是拿我的生命開玩笑，會害死我。」而這段話也正是伯恩斯的論點，他認為就是因為軍方急著讓荷林成為第一位戰鬥機女飛官，才對她的訓練成績從寬處理，導致尚未具備合格實飛能力的荷林發生難以挽回的悲劇。伯恩斯認為，只要軍中女性能確實證明自己有作戰能力，他完全支持女性進入作戰崗位；他賭上自己二十八年的從軍資歷[10]，洩露內部調查結果，就是因為他找不別的方法對抗海軍高層所遭受的政治壓力。「我必須為海軍這麼做，」伯恩斯對海軍督察總長說：「放水這種作法對軍中女性才是真正的不公平，許多女性非常優秀，完全有能力駕駛戰機對目標投擲炸彈，但衡量她們表現的標準卻與男性不一樣。這不公平，這對任何人來說都沒好處11。」

海軍並沒有適時聽取理想型反抗者的意見，第一批受訓的女軍官以及像伯恩斯這類吹哨者的意見都未獲得重視。軍中既有的性別歧視，不可能像變魔術一樣透過外部政治壓力來消除。此外，如果連組織本身都試圖隱瞞調查報告裡的重要事實，那就更別期望會有很多人願意站出來說真話。

為了讓整個群體能充分受惠於不服從的精神，政府機關、企業、團隊組織以及其他團體都必須訓練成員用不同的方式思考，各個群體都必須努力打造接受「異類」的文化，讓類似荷林中尉這類打破刻板印象的人物也有機會被人傾聽、受人重視，讓海軍上校伯恩斯這類理想型反抗者不用擔心公開道出難堪的真相後會受到懲處。

有太多群體不允許內部的弱勢小團體發聲，這些弱勢小團體就包括了理想型反抗者。甚至有些以「多元特色」為榮的群體，都沒有經常從多元差異當中汲取益處。雖然現在很多人很重視群體內部的多元差異，但研究人員發現，**多元差異跟群體表現其實沒有什麼關係**[12]。例如，一個工作團隊的成員是否有不同的教育背景、不同年資、不同的專業知識和技能，這些對該團隊的表現其實不會有什麼影響[13]。我並不是說多元差異沒有用，但「有些群體十分善於汲取多元差異帶來的好處[14]，而有些群體則否」，科學研究也是這樣告訴我們的。為了讓群體更有機會受惠於多元差異，包括受惠於那些我們認為是「怪胎」或「異類」的成員，我們必須先瞭解一個重要概念：**不是說群體內部有多元差異或是有離經叛道的成員，就能讓群體表現像開掛一樣大加分。群體必須懂得利用這些與眾不同的資源，才能提升表現**。

因此，我們必須探討在哪些情況下，不同的人和不同的觀點才能真正為整個群體帶來益處[15]，然後我們必須根據這些情況改變我們身處的群體文化。荷蘭

重點思維

一個群體不會因為具有多元差異的成員或反抗者，就開掛般大幅提升群體表現。我們必須瞭解在哪些情況下，不同的人和觀點才能為群體帶來益處，接著再根據這些情況改變我們身處的群體文化。

阿姆斯特丹大學和德國基爾大學發現了兩個很有效的方法16，能讓群體更歡迎異類、更善於汲取反抗者的智慧，進而提升群體表現。以下我們會詳細討論這兩個方法，並看看當年美國海軍原本可以如何對荷林的意外更公開、更誠實地進行調查，或者如何從一開始就避免這起悲劇發生。

方法一：創造一個鼓勵所有人貢獻己力的環境

群體之所以時常無法充分利用多元差異，是因為不懂得如何從少數成員身上獲取知識。如果你身為群體的領導者，一定會希望成員們團結一心，這樣群體運作才會有效率。志同道合的成員往往能相處融洽，彼此之間的交流充滿正能量，因此他們能夠迅速協調彼此的想法和行動，就像消防員能合作無間到達火場進行救援。不過，太過強調團結與「向心力」，卻會使得理想型反抗者無法為群體做出貢獻，只因為他們的想法沒辦法與大多數人「同心」；太過強調「向心力」也會使群體其他成員無法公平地考量立場不同的各種信息。總而言之，如果反抗者的新奇想法能充分表達[17]，就可讓群體更有能力克服問題，也能讓群體更善於思考、學習和創造。但要做到這一點，則群體的成員就必須把反抗者視為重要的資訊來源，讓反抗者有機會充分表達想法，團隊且要認真思考反抗者提出的想法，甚至可以進一步思考如何使其觀點更加完善；否則縱使你能用最快的速度找出某個問題的解決方法，那也不會是最好的方法，也無法提升群體的集體智能。

重點思維

如果想要盡量提升群體的集體智能，你所打造的群體文化必須特別強調以下重要特質：自主性、批判性思維、思想自由、不以人廢言的求知欲。

心理學家稱這些特質為「求知動力（epistemic motivation）[18]」，這是一種「強烈的求知欲，渴望透徹瞭解萬事萬物，包括要共同完成的團隊事務或等待定案的決策」。如果一個團隊想要針對某個問題尋找有創意的解決方案，團隊成員就必須認清老方法已經不管用了，他們必須想出與以往不同而且有效的方式來解決問題。一個具備強大求知動力的團隊會很樂意深入探索新的可能性，雖然這麼做可能更費時費力，也需要更完整的規劃，但這些努力都是值得的。

如果團隊成員覺得自己該知道的都知道了，那就很難再從內部的反抗者身上汲取寶貴意見；擁有強大求知動力的團隊通常對內部反抗者比較友善，也較樂於聽取反抗者提出的想法。有一項研究顯示，如果一個人可以把「哪些特質有利於求知」與「自己具備哪些有利於求知的特質與行為」逐一寫下，這些人對異議分子的接受度會更高。該研究發現，跟認為「鞏固領導中心」是團隊最重要精神的受試者相比，心裡想著求知動力特質、寫下自己有哪些行為符合這些特質的受試者，對異議分子的認同度高出了兩倍[19]。重視求知動力的團隊更善於解決問題和發揮創意[20]，這也許要歸功於他們能從內部反抗者和異類身上獲取與眾不同的想法，並進一步完善這些新奇的觀點。

那麼你要怎麼在你所屬的群體文化中植入求知動力的特質呢？你不能只是出一張嘴喊喊，你必須從根本上翻轉每個成員的想法，進而改變整個團隊處理資訊的方式。以下是幾項具體作法[21]：

- 主持會議時，你可以在會議開始前先請與會者討論如何讓會議的討論獲致最豐碩的成果；你應該要清楚地告訴成員：本團隊重視什麼、不重視什麼；你可以用一些故事或案例讓聽起來很抽象的幾個求知動力特質變得具體，讓成員瞭解可以透過哪些行為展現這些特質；你要告訴大家你很歡迎有人提出與多數人不同的想法，但必須有理有據地表達異議；你應該告訴大家，與眾不同的看法和所有其他看法一樣值得重視，大家在聆聽不同見解時應該努力從中獲取知識和智慧，而不是只想著捍衛自己原有的觀點。當你有機會主導會議，請你每次都要做到上述幾件事。
- 為團隊成員列出一張「優良行為」清單，讓成員知道他們在說話、聆聽、與他人互動以及做決定時應該展現哪些特質和行為。例如，可以規定每個與會者只有三次發言機會，除非有其他人特別要求發言者補充，發言者才能再多分享一些專業知識。這麼做是為了預防某些滔滔不絕的人剝奪他人的發言時間，也是為了讓不同的聲音有更多機會參與討論。你可以把這張清單印成一頁紙本[22]，在開會之前要求所有成員仔細閱讀並簽名。

- 為了增強成員的自主性、批判性思維、尋求實用新知的動力，你可以請他們想想他們過去做過哪些事情、或看過別人做了哪些事情，符合求知動力的特質。
- 你可以要求團隊成員兩兩一組，先討論他們在該次會議中想展現或是避免哪些行為，好讓自己盡量具備符合求知動力的幾項特質。當你對外公開承諾自己會採取某些行動，則你實踐承諾的機率，會比你僅僅在心裡承諾來得高[23]。
- 給予團隊成員充分的時間仔細思考，不要讓他們覺得必須盡快做出決定。
- 儘量降低「權勢」帶來的影響。誰能發言、能說多久、誰的意見會被採納，這些都不該由成員的地位權勢來決定。可以的話，可以訓練地位高人氣也高的成員適時支持比較弱勢的成員，高人氣成員可以在自己的發言內容中，加進弱勢成員的想法。記得提醒團隊裡的每個成員：重要的想法可能來自任何人——要讓成員相信這句話是真理，你可以在一項任務或活動結束後逐一表揚立功的成員，詳述哪些人提供了重要想法啟發大家思考，讓最後的成果更加成功。

• 會議結束前，請與會者思考幾個問題：「你今天從別人那裡聽到最有用的想法是什麼？有哪些觀點是你無法完全瞭解、必須由別人說明的？你在蒐集資訊的過程中學到了什麼，可以讓你下次與他人交流意見時能有更豐碩的收穫？」思考這些問題能提醒大家：團隊討論是一個可以不斷修正的互動過程，只要我們持續努力改善與彼此的交流，我們就不會重拾過去的壞習慣。

你如果想將求知動力深植入團隊文化，就要鼓勵成員除了努力將自己擅長的事情做好以外，碰到自己不懂的領域，也要懂得請教擁有不同專長的夥伴。如果每個成員都能充分發揮自身長才，同時又能運用其他成員的不同專業知識，那麼這個團隊就能提出更多更重要的議題、產出更多想法，而且這些源自於多元思維的想法又會催生出更多不同的想法，形成良性循環。團隊內如果有成員掌握了格外實用的資訊或技能，則可以運用自身的知識和經驗，將看似天馬行空的觀點轉化成實際的想法，為團隊帶來助益。如果所有人的長才都能被充分利用，代表團隊擁有更龐大的資源庫[24]，那麼更多、更棒的創新發想就會源源不絕地蹦出來。

當然，若希望團隊成員專心發揮所長，有不懂之處就大方求教於人以獲取新知，則這個團隊的文化必須以謙卑為本。謙卑會使你和團隊成員更樂於求知、更願意向他人請教，包括向反抗者請教；而一個對反抗者友善的團隊通常最注重的是團隊最後獲致的成果[25]，不會太在意要獲取這樣的成果必須借重哪些人的力量。如果大家都能專心努力獲得更好的成果，團隊成員就會很歡迎反抗者這樣的異類，畢竟不管是誰提出了好問題、誰提供了有建設性的批評或反對論點、或誰發現了大家都忽略的好點子，都能協助提升團隊表現。

強調團隊的求知動力，可以打造出健康的群體文化。在一個學習型的群體文化裡，成員會把彼此的意見分歧當成進步的跳板，把彼此之間的差異視為獲取新知的途徑。科學研究發現，你如果能夠結合求知動力和成員展現的「有利社會傾向（prosocial orientation）」（渴望努力為團體而非僅為個人增進利益），就能進一步提高團隊做出最佳決策的能力，並且使團隊更樂於採用異議者提供的獨特見解。有三份不同研究都顯示：如果找來好幾組團隊解決某個問題，那麼能想出最多方法、擁有最佳創意、最常出現良性意見分歧的團隊，都是非常重視成員自主性和批判性思考的團隊。它們不會要求成員一味忠誠和順從。重視自主性和批判性思考的團隊26，會把重點放在尋找最佳成功途徑之上；著重忠誠和順從的團隊內部則缺乏成員自動自發的利他行為。

方法二：換位思考

假設你是當年少數的女性飛行員，妳努力想融入這個長期以男性為主的群體。然而，男飛行員卻沒把妳當自己人，而且他們的行為舉止很卑劣。面對這種壓力，女飛行員只能從其他同樣身為女性的同僚那裡獲得支持和溫暖，漸漸就會形成女飛行員小圈圈。有自己的小圈圈感覺當然很好，但這種小圈圈很有可能造成大群體進一步分裂。一旦女性形成小圈圈，在以男性為多數的飛行員社群裡表現出一副不合群的樣子，男性就會更加找理由欺負這些新來的女性菜鳥；而當女性受盡男性不公平的對待，她們就會更想形成以女性為主的小圈圈，在這裡她們才有安全感，才敢表達關於改善工作環境的獨到見解。這種科學家所謂的「群體內偏見（intergroup bias）」最終會造成誰的損失呢？答案是整個群體，如果一個群體內出現明顯的「門戶之見」，那就很難創造讓反抗者覺得自在而且樂於做出貢獻的環境。

你的團隊正因內部門戶之見而難以進步嗎？你的團隊中有沒有哪些成員會刻意拉開與多數成員的距離？有沒有哪些人在別人說話時會刻意湊在一起交頭接耳？有沒有哪些人在「圈外人」出現時會立即停止說笑或是刻意改變話題？有沒有哪些人常常對「圈外人」酸言酸語？大群體裡如果出現很明顯的小圈圈且成員之間派系分明，那麼這個群體就很難向少數異類習得新知，整個群體也很難拿出最佳表現。想消弭派系界線，就必須實行「去偏見策略[27]」，用一位學者的話來說，去偏見策略可以引導成員「不再用刻板印象評斷人事物，改用客觀分析的方式思考，導正心中對某些人事物的成見，以提高做出最佳決策的機率」。

有一種很有效的去偏見策略，是在思考某個議題之前先跳脫群體內部或外部的框架，讓自己能用更多同理心來看待他人的想法。伊拉斯姆大學鹿特丹管理學院的印珈．胡佛（Inga Hoever）教授和同事做了一個實驗[28]：把受試者分成三人一組、共七十七組，每一組要籌畫一個創意社區戲劇節目。研究人員把這七十七個小團隊分成兩類：第一類每組三人都有各自的專職角色——藝術總監要負責節目的創意及把關品質，財務經理負責增加節目盈利，活動經理則要讓觀眾有最愉快的觀賞體驗，每個組員都會得到不同的資訊（例如場地規劃、演出時間表、製作成本等），研究人員還會特別告知他們哪些因素能造就成功的戲劇節目。商場上的競爭團隊內，每個成員都有不同的職責，該實驗的第一類團隊就是在模仿這種常見的角色分工。

而在第二類團隊裡，研究人員沒有幫每組成員做任何角色分工，雖然他們也會獲得第一類團隊獲得的資訊，但小組成員沒有被特別指派擔任某個角色。所有團隊都有二十分鐘構思戲劇節目專案，同時會由不屬於受試者或研究團隊的獨立觀察員觀察每個小組的構思過程。此外，在這七十七個團隊裡，研究人員在第一類和第二類都挑了大約一半的團隊給予特別培訓，教導這些團隊用一種叫作「換位思考」的低成本策略，消弭成員之間因為興趣或認知不同而產生的分歧。不過說「特別培訓」是有點誇張，因為所謂的特別培訓只是給這些被挑中的團隊一張關於換位思考的單頁書面講義，上面的內容不外乎教導組員如何消弭因差異造成的分歧，以及要站在別人的角度看事情。這張單面講義鼓勵團隊成員認真思考別人在乎什麼事情、為什麼別人會有某些行為、哪裡可能埋藏著衝突的種子。

該實驗結果相當驚人：有明確角色分工的團隊拿出來的創意數量，並沒有比無分工團隊展現更多——事實上，有角色分工但未獲得換位思考訓練的團隊所展現出的創意是最少的，甚至比無分工的團隊還少。該研究結果顯示，單純給予角色分工團隊一張單面的換位思考講義，就能讓他們展現出最多創意，「有角色分工，加上換位思考訓練」的團隊展現出的創意是「無角色分工」團隊以及「有角色分工但無換位思考」團隊的兩倍。

這些實驗結果和其他相關研究都告訴我們：如果你從一開始就認為會出現不同的意見，那麼你就更可能去瞭解為什麼會有出現異議，且更可能尊重這些分歧。研究人員曾找來一批以色列人和巴基斯坦人作為受試者，讓他們參與了五個小時的換位思考工作坊[29]，訓練他們站在別人的角度思考並體會他人感受。研究人員先讓受試者聽某個領袖的故事（這個領袖缺乏換位思考，導致和下屬關係破裂），然後再告訴受試者其他知名領袖的故事，例如馬丁·路德·金恩博士和賈伯斯都因換位思考而受益無窮。接著受試著在一場模擬談判中練習換位思考，並且瞭解換位思考可以如何幫助像北愛爾蘭這種爭議和衝突不斷的地方。然而，這場工作坊從頭到尾都沒討論過以巴衝突；工作坊結束後，受試者每週都會收到一些幫助他們複習換位思考技巧的資料，鼓勵他們思考在現實生活中如何應用這些技巧。最後研究人員發現，光是一次工作坊，就明顯減少以巴雙方受試者對彼此的敵意，讓雙方更加相信彼此可以和平解決以巴衝突，同時雙方也展現更多願意與對方和解的行為——這些改變在工作坊結束後仍舊持續了六個月或甚至更久。

如何加強自己換位思考的能力？方法就是訓練自己更客觀地看這個世界，尤其要更客觀地看待背離主流或傳統的人所提出的見解。如果我們把一個人歸類為「他者」[30]，我們就很容易拼命證明「他者」的看法有缺失。但事實上我們應該要找的，是能挑戰自己既有認知的證據[31]，這對我們才更有幫助。舉例來說，如果你打從心底認為女性無法擔任海軍飛官，你就會特別關注「可以證明女性無法勝任海軍飛官」的資訊，然後無視其他女性可以勝任海軍飛官的證據。其實，軍方的線上論壇上面有不少討論的內容，非常醜陋地印證了本書第三章提過的確認偏誤：荷林墜機事故調查曝光後，軍方論壇上有人寫道：「我們應該多挖一些女性在職場上得到特別優待結果卻摔得超慘的案例……[32]」還有人寫：「有一些生物研究顯示女性天生空間概念就比較差[33]，很難掌握3D空間的飛行技巧，邏輯也不好，所以難以精通戰機上的電腦設備或任何器械的操作。」而這兩則評論還算是措辭溫和的。

類似這樣的評論，到底想傳達什麼樣的訊息？第一則評論意味著，我們不必客觀判斷男性女性飛行技能是否真的有差異，我們只要盡量挖出能證明「女性比男性差」的例子就好；第二則評論則清楚表示，現在已有研究顯示男性女性天生就有差異，但發文者卻完全沒提到他所謂的研究是在討論什麼主題，也不在乎該研究是否可信。我們人類都很喜歡當「正確」的一方[34]，所以我們會拼命尋找支持自己想法的資訊，忽視對自己不利的證據，或者扭曲某些資訊來證明自己是對的。因此，我們很容易在群體內部產生門戶之見，而且無法跳脫，導致整個團隊更難以從思維與眾不同的異類身上獲取重要資訊，藉此提升集體智能。

你應該常常問自己一些可以挑戰既有認知的問題，尤其可以多想想：那些和你有著不同思維、行為和外貌的人，為什麼會做出某些行為或想法。你可以設法為他們想出合理的解釋，越多越好。如果你認定某人只會出些餿主意，代表你可能只注意到他思想上的缺點，例如他上一次提的方案會讓公司花很多錢。這時你可以捫心自問：「此人是否曾提出質疑，卻遭團隊忽視，而最後他擔心的事情果然成真？」或「此人是否曾提出對團隊有利的建議（無論功勞最終是否落到他頭上）？」如果某人被其他團隊成員視為豬隊友，你可以先想想其他人對這名豬隊友的抱怨，然後替他提出一些辯解，例如：「為什麼別的團隊的人跟這名豬隊友就能合作愉快？」或「為什麼

重點思維

我們必須擺脫認知偏誤，才能理性、平和地看待那些挑戰我們既有認知的異類，讓自己更有能力接受各種信息。

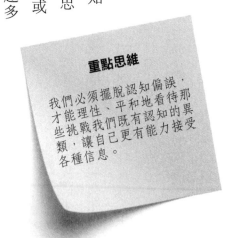

這名豬隊友在別的團隊就變成神隊友？」

我們要多訓練自己質疑既有的認知，別老想證明自己是對的。這種自我質疑訓練可以幫助我們戒除許多迷思和成見，讓我們能交到更多朋友，減少社會衝突。基本上，我們應該要訓練自己像科學家一樣思考，從求知的角度去聆聽反抗者的意見，而不是像一心只想打贏官司的律師一樣，試圖掩蓋所有與自己想法衝突的資訊。

要做到這點，練習換位思考真的很有用。有一項研究想探討「短暫的心理介入措施，是否能降低某些長期的衝突」，於是找來以色列人當受試者，請他們站在他人觀點，深刻體會他人的感受和想法。這些以色列人經過短暫訓練後，對於世仇巴基斯坦人的敵意便減少很多，並且更支持與巴基斯坦和解而不是發動軍事攻擊。即使過了五個月後，這些以色列受試者對巴基斯坦的敵意還是比訓練前少，而且還是更支持和平政策而不是發動戰爭[35]。

打造友善反抗者的文化

當年美國國會立法讓女性擔任作戰任務，其實是在性別平等議題上的進步，而且是老早就該跨出的一步。但我們不可能要求大家要包容弱勢族群（包括異議者），然後期待改變立刻成真。我們之中存在著反抗者，並不代表各個企業、團隊、政黨和其他社會組織就能充分善用反抗者獨到的見解。我們每一個人都要努力與反抗者為友，以開放友好的心態看待反抗者和他們的觀點。

除了個人的努力以外，我們也必須打造「善於從異類身上汲取智慧」的群體文化。我們必須給團隊裡的反抗者機會，讓他們分享他們的看法和見聞；我們也要確保新進成員或群體內的弱勢成員能跟其他強勢成員發揮同等的影響力。不過打造文化需要時間，而且即使有所進展，我們也要謹慎小心，避免重拾陋習。只要專心致志，我們一定可以引導群體成員公平看待不同觀點、樂於求知且不以人廢言、時常進行換位思考。如此一來，我們所屬群體擁有的知識、智慧和創意都能獲得最大程度的提升。

下一章將提出更大的挑戰。如果要打造一個能充分善用反抗者獨特見解的團隊文化，我們需要做的不只是熱情接納特立獨行的少數異類，更要努力增加我們群體內的反抗者數量。長遠來看，增加反抗者數量最有效的方式就是從小教育孩子不要被群體內的主流思想束縛，引導他們成為未來的反抗者。我們應該協助他們培養反抗者該有的心態和能力，讓他們在未來能秉持著不服從精神，持續推動社會進步。我們必須讓下一代覺得「提出不同意見」這樣的行為很酷。下一章我會援引許多最新科學研究，跟各位探討如何讓我們的下一代成為一批勇敢又能帶來啟發的自由思想家。

不服從成功要訣

1. **把反抗者視為重要的資訊來源**。如果想要盡可能提升群體的集體智能，你所打造的群體文化必須特別強調以下特質：自主性、批判性思維、思想自由、不以人廢言的求知欲。

2. **對抗你心中的確認偏誤**。你應該常常問自己一些挑戰你既有認知的問題，尤其可以多思考那些和你有著不同思維、行為和外貌的人為什麼會有那樣的行為或想法，你可以替他們設想理由，越多越好。

3. **持續強化「接納異議、擁抱異議」的團體氛圍**。當你團隊裡的異類成員發言時，你應該要注意其他成員是否會展現某些行為，例如突然之間大家都分心了（滑手機、彼此交頭接耳）、一片沉默無人回應（使讓發言的人覺得沒人想聽自己講話）、不願以理性寬容的心態聆聽別人的看法（完全不想瞭解別人的看法有什麼事實根據）。如果你覺得你的團隊沒有上述現象，有可能是你沒有仔細觀察，才沒發現成員之間的互動其實暗潮洶湧。我們現在已經知道，只要大家在心態和行為上做出一些小小的改變，團隊裡的異類也可以變成造福整個群體的人才。我們應該要讓謙卑成為群體文化的核心價值，引導成員公平地瞭解不同觀點，訓練所有人學會「站在他人立場看事情和體會他人感受」——也就是說，我們要讓謙卑、一視同仁的求知欲以及換位思考，深深根植我們的群體文化裡。

第十章　培育不服從的下一代

用有科學根據的教育方針培養出下一代英雄

二〇二〇年八月，高二學生漢娜．沃特絲（Hannah Watters）因為捲入了一個她稱為「正當且必要的麻煩」而登上全國新聞版面1。當時新冠疫情肆虐，全國都在爭論學校應該繼續實體上課還是改成線上教學。總統和許多政府官員主張各級學校重新開放，但許多家長、老師、學生以及公共衛生官員都認為學校無法兼顧正常教學和防疫。沃特絲就讀的高中決定遵守政府政策，重啟實體課程，而且學生如果拒絕回校上課可能遭退學。可是校方恢復實體課程的計畫看起來非常粗陋，甚至有老師寧可辭職也不回校教書。

沃特絲返校的第一天就被眼前的景象驚呆了：「學校就這麼隨隨便便開放了……一點都不安全[2]。」美國疾病管制中心（以下簡稱CDC）等公衛機關一再強調戴口罩能有效減少新冠病毒傳播，但她就讀的這所高中卻沒有強制學生戴口罩，所以只有少數學生戴口罩，課堂外走廊擠滿學生，彼此不斷擦肩而過。雖然該校明文規定學生不可以使用智慧型手機，也不可以在未獲授權的情況下把校內學生的照片影像分享到社群網站，但沃特絲還是用手機拍攝了一段走廊上擁擠不堪的影片上傳到推特。「我很擔心這棟建築物裡所有人的安全[3]，也很擔心全國許多學校也有類似情形，CDC幾個月來一直宣導的各種預防措施和指引，在學校裡幾乎沒人遵守。」

這段影片在網上瘋傳，媒體爭相報導。那麼校方有沒有大力讚賞沃特絲為了公共的健康而展現的不服從行為呢？一點都沒有。校方以她違反校規為理由將她停學五天，同時校長警告學生：要是有人敢在社群媒體上亂分享相片或影片，一樣會被懲處。幸好，沃特絲的母親致電學校表達關切，隨後校方撤銷了對沃特絲的懲處。教育主管機關雖然出面辯解開放校園的政策，但校長承認該校的情況

「看起來不太妙」[4]，承諾將做出調整。

對沃特絲來說，決定違犯校規揭露真相並不容易，她知道這麼做會激怒很多人，但她依舊這麼做，因為她覺得這是擁有道德良知的人該做的事。而她也的確帶來很大的衝擊，讓更多人得以明白事實真相。我認為這孩子真的很了不起。如果每間學校都有很多像沃特絲這樣的學生、如果「捲入正當且必要的麻煩」不僅很常見，而且大家還覺得很酷，那我們的社會將會變得如何呢？

科學研究已經發現一些很有效的教育方針，可以協助父母和老師訓練下一代勇於質疑有問題的常規和主流認知[5]。本章要探討的教育方法也許有些你平常已經不知不覺地在執行了，但只有執行一些還不夠，我們應該盡可能把這些方法應用在下一代的教育上，讓孩子們更有勇氣、更有能力提出異議。

重點思維

我們必須盡力訓練下一代勇於質疑有問題的常規和主流標準，使他們能為了群體的進步，展現不服從精神。

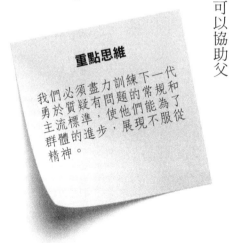

反抗者養成術1：讓孩子知道你對他們有信心

還記得演員羅賓．威廉斯在電影《春風化雨》中扮演的那位善於鼓勵學生的英文老師嗎？我小學的時候有幸碰到一位這樣的老師，他是法蘭克．卡丘托（Frank Cacciutto）博士。有一次他就像電影裡的羅賓．威廉斯那樣，站在講台上朗讀他寫的一首關於文法的詩，這首詩描述分號因為常被誤用而感到沮喪，而逗號和驚嘆號則因為常被使用而感到自豪。這種把標點符號擬人化的創意，讓我們這些小朋友覺得超有趣。但卡丘托老師不只是朗讀他寫的詩給我們聽而已，他一邊朗讀還一邊要我們提出有建設性的回饋，只要我們認真提出想法，他便認真聆聽。想像一下：一個擁有博士學位的老師居然請當時還是個小鬼頭的我提供寫作建議！大多數老師認為學生的心智還不成熟，但卡丘托博士打破了課堂裡的階級，身為老師的他不是唯一權威，他把每個學生當成心智成熟的獨立個體來看待，相信每個學生都有值得被聆聽的想法。因此毫不意外我跟我朋友都超愛卡丘托老師的課，每次上課都聚精會神地聽講。

為學生設定高標準，並且時常肯定他們的潛力，這樣有助於改善學生的表現6。若學生來自弱勢或常遭汙名化的族群，那更要用這種方法鼓勵他們。「讓孩子知道你對他們有信心」除了可以提升學習表現，也是培養他們成為反抗者的好方法。畢竟，要對抗主流思想，孩子必須先相信他們有能力為世界帶來一些改變，他們必須感覺到自己擁有力量。若父母和老師能時常肯定孩子的能力，並且相信孩子一定有辦法克服障礙，相信孩子在人生這場持久戰中必定能達成許多目標，他們相信孩子的同時也在幫助孩子相信自己。如此一來，當孩子心裡冒出與主流認知不同的想法，他們才更有可能堅持自己的理想。

那問題來了：父母師長該怎麼做才能讓孩子打從心底肯定自我呢？有個很簡單的方法就是讓孩子想想過去成功做到某些事情的經驗。你可以問孩子：過去有哪些事情對他們來說是「成功的經驗」，例如跟朋友談論某件事情後成功改變朋友的想法、練成不看鍵盤就能飛快打字的技能、參與話劇角色徵選、上課時針對老師的教學內容或同學的意見提出質疑、為了增廣見聞自動自發讀完一本課外書等等。你可以讓孩子列出他們曾經做出的正向改變、學到的技能、引以為傲的成就以及勇敢站在眾人對立面的時刻。請盡可能引導孩子詳細敘述過去的成功經驗，例如你可以問以下這些問題：「你第一次想要做出改變或學新東西是在什麼時候？」「當時你的生活有發生什麼特別的事情嗎？」「你學新東西是一下子學會，還是按部就班慢慢學？」「如果是按部就班的話，你經歷了哪些過程才學會？」「現在的你對過去做到的事情有什麼感受？」「你現在回想過去這些事情時又有什麼感受？」

另一個幫助孩子肯定自我的方法，則是減少心理學家所謂的「歸屬感缺失（belonging uncertainty）[7]」。當孩子覺得自己很難融入群體，就會覺得自己和他人的連結很脆弱；如果與人相處時老是得擔心自己是否能融入群體[8]，真的會心很累，大人尚且如此，更不用說孩子了，他們正處於建立自我認同的時期；如果你的孩子在培養自我認同感時遭遇困難，可以由其他孩子以自己「過來人」的經驗來分享[9]。

最糟的做法就是降低對孩子的要求（出發點常是想增加孩子的自信）[10]，這麼做只是為了讓大人的心裡比較好過，有些老師還會沾沾自喜地認為降低對孩子的標準能讓學生之間的競爭更公平。如果要教育出理想型反抗者，我們必須讓孩子覺得自己絕對有能力帶來改變，我們這些大人必須引導孩子對自己的能力有自信，相信自己一定可以克服困難並且最終在持久戰中成功達成一個個目標。

反抗者養成術2：讓孩子覺得你很有興趣瞭解他們有興趣的事

前德拉瓦州教育部長馬克．墨菲（Mark Murphy）曾參訪七百多間學校、觀摩上千次課堂教學，然而他的所見所聞卻讓他十分氣餒。他發現很多孩子很有學習熱情，但傳統的學校教育卻讓他們興趣缺缺；學校老師很肯定孩子們的價值和表現，但孩子在生活中卻少有其他大人會主動想瞭解孩子的興趣志向。有學生說：「有很多東西我都想學，但好像沒人在乎我想學什麼。我每天看到聽到的就是一堆原則、規矩、什麼才是對的、什麼才是重要的……我都快窒息了，我對學習根本沒有掌控權，一點都沒有[11]。」

馬克於是創立了GripTape組織，提供十週的學習之旅，讓青少年可以根據自己的興趣學習。GripTape會問孩子兩個問題：有什麼主題或技能是你一直想學的？你覺得你想學的東西可以帶給你什麼樣的成功？如果孩子能認真回答這兩個問題，GripTape就會邀請他們開啟一段與學校不同的學習之旅[12]。十週課程的主題五花八門，包括饒舌音樂、電腦程式設計、服裝設計、區塊鏈科技、無人機攝影、景觀設計、基因編輯技術、街友扶助或其他社會議題。GripTape對學習的內容不設限[13]，因為學術研究已經證明：孩子只有在學習自己覺得很有意義的事情的時候，才能拿出最佳學習表現，也才更有動力克服重重困難、想出創新的解決方法。最重要的是，GripTape為課程配置的「導師」主要任務是提供孩子心靈上的支持，而不是直接下指導棋。為了盡可能避免課程導師又回到傳統的指導模式，GripTape請來的導師並非該課程領域的專家，這些導師在課程中的目的很單純，就是在孩子學習的時候持續肯定和鼓勵孩子，並不是要灌輸孩子非常專業的知識。

導師會問一些刺激孩子思考的問題，試著瞭解孩子在學習過程中覺得最有趣或最心累的事情。也就是說，導師必須克制「下指導棋」的衝動，他們只能問一些問題引導孩子深入思考自己的學習過程，例如可以問孩子「進展得如何？」「你現在碰到什麼困難？」「你有找人聊過你碰到的問題嗎？」「你覺得誰比較懂，所以可以去問他？」這類問題能夠幫助孩子思考自己過去採取的行動，並且為自己想出下一步該怎麼解決問題。在現實生活中，孩子身邊已經有夠多大人不斷對他們發號施令，孩子真正想要的是能夠單純聆聽他們想法、不會動不動就忍不住發表意見的大人。

初步研究數據顯示GripTape採用的教學法成效卓著[14]，成功激發孩子的學習興趣，並且大大改變了孩子的人生。廣義來說，科學已經證實孩子身邊應該要有能夠支持他們、有興趣瞭解他們想法的大人，這對孩子的發展至關重要，這樣的大人不只能提升孩子的學習表現，還能幫助孩子成為理想型反抗者。道理很簡單：如果身邊的人讓我們覺得可以放心做自己[15]，並且支持我們追求自己的理想，我們自然會擁有更多的勇氣和求知欲；此外，如果我們分享自己感興趣的事情時，身邊有人願意聆聽，我們所分享的事情就會變得更有趣且更有意義[16]，我們也會因此變得更好學且更敢於冒險[17]。

當孩子跟你分享過去的學習經驗或未來的計劃，請認真聆聽並給予回應；當他們害怕探索未知事物[18]，請讓他們瞭解嘗試新事物和努力克服挑戰的時候會感到焦慮是很正常的。當你接受了孩子的負面情緒，孩子也會學著接受自己的負面情緒。請幫助你的孩子調適心裡的感受，而第一步就是由你以身作則，你應該在特定的場合展現適當的情緒，別理睬長期的社會文化束縛（例如男孩子不要哭、女孩子不要生氣）。這樣一來你不僅能培養出更喜歡學習的孩子，你也會因為協助孩子踏上充實的人生之旅而跟孩子關係更緊密。

反抗者養成術3：支持孩子擁有自主權

GripTape的導師之所以要避免「直接告訴孩子怎麼做」，是因為他們的主要任務是協助孩子培養另一項極為重要的重要特質——自主。所謂「異議者」，就是堅信自己有權按照自己心意行事的人，但這種重視自主權的心態不會自己產生，而是透過培養而形成。當你允許孩子決定他們自己學習的時間、方式和內容，也等於在灌輸他們自主權的概念。培養孩子的自主權能讓他們更積極參與各種活動[19]，進而擁有更多快樂和驚奇的體驗；允許孩子把時間精力花在他們覺得有意義的目標上，能讓孩子有最棒的學習機會。

研究顯示，孩子擁有主導權且可以自行決定如何解決問題的時候，會有最多收穫[20]。因此身為父母或師長，我們必須放下憂慮，必須克制干涉孩子決定的衝動，讓孩子親自體驗（且越來越善於應對）各種不愉快的時刻，這麼做能幫助孩子時時反思自己的想法和行為。如果你還是覺得學習就是需要老師在旁指導，那麼不妨讓孩子來教導孩子。對孩子來說，想要牢記並融會貫通所學，最好的方式莫過於把自己學到的東西吸收消化後，再用自己的話認真地跟同儕解說一遍[21]。

大人可以如何培養孩子自主[22]

1. 不要說教，而是要多花點時間聽他們說話，讓孩子知道他們的想法也很重要。孩子說完後你應該清楚地把他的想法重述一遍。

2.讓孩子享受獨立自主的感覺。給他們空間用自己的方式解決問題。

3.讓你的孩子時常有發言的機會，就算他們表達的內容很不清楚，你也可以試著找出優點並予以肯定。

4.如果孩子有進步，或是展現某項成就，應予以讚賞，讓這些小成就和孩子未來的目標產生關聯。例如你可以說「這就是為什麼你很快就能學會用滑板豚跳了！」或「你剛說話的樣子，讓我好像看到未來成為獸醫的你」。

5.不要拼命對孩子發號施令。孩子在學習或探索時你應該多給予鼓勵，你可以多說點「你懂了」、「你做到了」或「差一點點就成功了」之類的讚美，並且時常讓孩子想起過去的成功經驗，譬如你可以對孩子說：「繼續努力，想想上次你的努力獲得了多棒的回報」。

6.當孩子卡在某個問題上，請不要直接提供解決方法，而是給予友善提示，譬如你可以說「我在想你是不是可以……」或「如果你從……開始著手可能會比較容易」。同時請記得提醒孩子：犯錯也是學習的一部分。

7.肯定孩子的觀點和感受。當孩子在學習或探索的過程中碰到困難，你應該要去理解為什麼孩子覺得困難，你可以跟孩子分享你過去身為初學者的經驗和感受，也應該跟孩子說清楚為什麼你不直接提供解決方法。譬如你可以說「你自己努力找出的答案你才會記得更牢更久」。

8.跟孩子說話的時候盡量避免用「你應該……」或「你必須……」來開頭，因為這樣的字眼已經在告訴孩子怎麼做是對的、怎麼做是錯的，請讓孩子多番嘗試後自己找出答案。

反抗者養成術4：協助孩子學習「去蕪存菁」

要成為理想型反抗者，前提條件是一個人是否有能力過濾手邊的各種資訊，分辨出哪些有用哪些沒用，然後說服他人接受有用的訊息。想要培育孩子成為反抗者，你必須盡力加強他們的批判思考能力，讓他們有能力知道哪些資訊是狗屎。這麼說並不是要你把孩子培養成憤青，而是要教他們面對訊息時「先核實、後信任」。孩子不能害怕問問題，他們必須懂得分辨資訊的好壞，養成「不妄下結論」的習慣，面對各種信息時不要急躁，要靜下心來以批判性思維檢視眼前的資訊。

那父母和老師該如何協助孩子培養批判性思維呢？有一個方法是：當孩子做出不太正確的判斷時，你可以問一些問題，刺激孩子深入思考。例如孩子們正在討論「同性戀是天生的性向還是後天選擇」，這時你千萬別拿出一堆科學研究對他們高談闊論，也不要逼孩子立即改變自己的認知，你可以問一些問題，然後也允許他們提出疑問，鼓勵他們參與一場「思考實驗」，例如你可以問他們：「假設你身上綁了炸彈，你面前有一台螢幕播放著帥哥美女的影像，此時你能選擇自己的性向嗎？假設還有一台機器監控著你的心跳變化，若你看到帥男出現在銀幕上而心跳加快炸彈就會引爆，或是看到美女出現時心跳加快則炸彈會引爆，此時請問你能選擇自己的性向嗎？」身為父母或老師的我們必須協助孩子學習如何思考，而不是直接告訴他們答案。

國、高中生的課程往往只是讓他們麻木下載授課內容到腦袋裡，較少讓他們學習、寫作、思考以及針對最具爭議的社會議題進行辯論。孩子們應該要瞭解我們大腦某些運作方式會讓我們無法做出百分百理性的判斷（例如第三章列出的各種認知偏誤）。此外，孩子應該要覺得上課很好玩，只有當孩子能開心且專注地學習、當他們能自由說出一些離經叛道的想法、當他們有機會感到困惑，他們才能增進思考能力。

鼓勵孩子評估信息優劣的六個問題[23]

1. **「你是否過於相信權威？」**響亮的頭銜、年紀、資歷都不代表專家們提供的資訊百分百正確。即使是權威人士提出的論點，我們也要再次查核，找出他們引述的資料仔細閱讀，確認他們是否誇大或是誤判原本的資料。

2. **「某些所謂的專家是否為了獲得利益才提出某個論點？」**當你看到有人非常非常拼命希望大家相信他的說法，你一定要保持懷疑的態度。如果某些人不說某些話就領不到錢，那他的話就不可信。因此，你要觀察說話的人和他們說的話是否存在利益關係，要觀察是否有人花了大把的時間金錢和力氣就為了得到特定的結論。此外，你也要觀察說話的人是否一開始就先說結論[24]，接著才提出佐證，並且無視所有不利於其論點的證據，對於這類人的話你也要抱持質疑。

3. **「提出論點的人是否鼓勵他人提出質疑？」**有些人提出論點後卻拒絕接受任何質疑或反駁的說法，這種人說的話就需要特別審視。除非你自己經過查證後確認某個論點的確可信，否則任何說法都只是一種假設；你可以關注是否有人針對該論點認真地辯論，甚至你自己可以找機會發起辯論。當你聽著支持和反對某論點的雙方交鋒時，記得當個沒有預設立場的陪審員、編輯者或科學家，而不是當個拼命想「打贏」官司的律師。辯論的重點不是為了讓所有人都認同某論點，而是為了分清虛實，將論點中的信息去蕪存菁。

4. 「**某個論點是否符合常理？**」雖然用開放的心態看待事物是種美德，但有些論點就是特別不合理。你可以觀察你聽到的論點或說法是否太過牽強，如果你發現某人說的話邏輯太弱，這絕對是你提出合理質疑的好時機。

5. 「**大多數的證據指向何處？**」我們很難僅靠一份研究或某一人的觀察結果去釐清錯縱複雜的議題。如果不同的證據鏈都指向同一個方向，我們會更有信心找到答案；如果證據是由不同人以不同方式蒐集而來但仍舊指向同一方向，那我們就幾乎確定可以找到答案。因此，當你審視某個論點時，請不要只聽一面之詞，就算這一面之詞聽起來很有說服力，你也應該查核該論點是否經得起不同立場的人的檢驗。

6.「**某人的說法是否有可供驗證的根據？**」這世上有些人表達看法時拿不出實際的證據，但卻能利用煽動人心的言辭把眾人唬得一愣一愣的，也有些人表達論點的方式讓你很難辨別其可信度，對於這種人提供的信息務必特別小心。

反抗者養成術5：跟孩子說其他反抗者成功和失敗的故事

孩子若能知道成功和失敗的反抗者坎坷的人生故事[25]，對他們會有很大的助益。希臘愛琴大學的楊尼斯・海茲喬吉博士（Yannis Hadzigeorgiou）花了十年測試一個非常有趣的假說：如果孩子知道重大科學成就的歷程——包括科學家們針對某個問題的爭論、科學家研究過程中經歷的感受與建立的人際關係、科學界的結黨互鬥——則孩子會對理工學科（STEM科學、科技、工程、數學）更有興趣。海茲喬吉曾帶著一群十六歲的學生瞭解特斯拉（Nicola Tesla）的生平，特斯拉被後世譽為「被遺忘的電學天才」，生前最大的競爭對手是愛迪生，兩人都想找到傳輸無線電流最可靠安全的方式。海茲喬吉發現學生對科學家達成重要成就之前經歷的種種難關挑戰，非常有興趣（特斯拉年輕時曾把愛迪生視為偶像，還在愛迪生那裡上班了一陣子，後來跟愛迪生鬧翻就辭職了）。特斯拉離開愛迪生的公司後陸陸續續註冊了七百多項專利，但愛迪生一直視他為眼中釘，用盡手段惡整他，據說愛迪生還雇人燒掉特斯拉的實驗室，阻礙特斯拉獲得研究資金。

特斯拉的故事讓青少年們聽得如癡如醉，聽完後他們特別佩服理想型反抗者的不服從精神。「就是因為特斯拉的點子聽起來都很瘋狂，才無法被學術界接受」一名學生在他的自然科學日誌上寫道。而另一名學生的日誌裡寫著「無論某個科學想法乍聽之下有多麼奇怪或瘋狂，我們都不可以蔑視這個想法。」研究人員發現，透過聽故事學習的學生所學到並且牢記的科學課程內容，比其他學生更多，而且會對許多科學成就表示更真心的讚嘆。跟在傳統教室中聽課的學生相比，透過故事學習科學的學生會更欣賞與眾不同的想法，也更願意挑戰主流認知[26]。

另一項研究裡的中學學生從老師那裡聽到另一名鮮為人知、但具有歷史意義的反抗者的故事，就是我們在第三章提過的民權鬥士伊莉莎白・詹寧斯。研究顯示，學生聽完伊莉莎白的故事後，不只更加瞭解她那個時期的歷史，心靈的力量也獲得提升[27]。研究人員請孩子們說出對美國公民權利的瞭解、希望更深入學習的議題、以及伊莉莎白的故事裡有哪些部份讓他們覺得特別驚訝或特別有趣。很意外的是，學生不僅沒有機械式地重述十九世紀末和二十世紀初眾人對黑人普遍歧視，甚至還能發現「採用現代的道德觀去評斷過去某時期的價值觀」可能產生的問題。他們也清楚表達自己如果生活在伊莉莎白的時代會採與哪些不一樣的行動。透過故事學習的孩子，可以展現更多的同理心及換位思考的能力和智慧。

類似的研究顯示，父母和老師可以藉由跟孩子說反抗者的故事來培育新一代反抗者，讓孩子們勇於支持某些對社會有益卻不太受歡迎的想法。此外，父母師長也應該鼓勵孩子跳脫傳統、用全新角度看待反抗者。孩子也應深入瞭解知名反抗者的經歷，研究他們在通往成功或失敗的路上是否犯了什麼錯、是否德行有虧。藉由瞭解反抗者的生平，孩子能真正體會到自己必須跳脫舒適圈、勇於嘗試、並按照自己的信念行動。

我們的孩子也必須瞭解：走上反抗一途可能需要付出的代價。我們應該誠實告知孩子質疑主流思想可能帶來的後果，孩子才能更準確地判斷他們所追求的目標是否值得他們可能得做出的犧牲。我們可以讓孩子想想聽過的故事和自己的生活有哪些共通之處，引導他們思考他們是否曾經站出來對抗多數人？他們為什麼認為當時的決定是正確或錯誤的？他們從過去的經驗中學到了什麼以及打算如何應用在未來面臨的挑戰上？

反抗者養成術6：教導孩子勇敢

本書提到的所有案例都告訴我們：反抗者若不勇敢便無法成事。如果我們要教育孩子成為敢於挑戰現況的反抗者，我們就得告訴他們何謂勇敢。首先，我們要告訴他們勇敢有各種形式，並非只有不怕痛不怕死的人才稱作勇敢[28]。如果有人願意為了實踐心中理想而對抗權勢或甚至整個社會，這種人展現出來的是**道德勇氣**。想想第八章揭發學術詐騙的雪柔・肯尼迪，第六章為性侵受害者奔走的瑪莎・戈妲，她們沒有怯弱，沒有魯莽行事，為了實踐心中正義只能咬著牙艱難地往目標邁進，這類反抗者為了道德理想，不惜犧牲自己的健康、幸福和工作前途。又或者想想第五章的演員妮雪兒・尼柯斯等三人，同心對抗社會壓力，完成了電視史上的跨種族初吻，這些反抗者都充分展現了道德勇氣。

此外，若一個人克服了自己原有的障礙，所展現的則是**個人勇氣**[29]。不過要注意的是，被某人認定為勇敢的行為，在另一人眼裡可能只是雞毛蒜皮的小事，例如公開演講、跟父母抗議偏心等。但事情不分大小，只要能克服自己曾經過不去的關卡，都算是展現個人勇氣。

其他勇敢的行為包括當大多數人反對你的時候，如何冒險堅持誠實（說出真相）以及維持真誠（勇敢做自己）。大家可以想想第四章的Fugazi樂團是如何堅持玩自己的音樂，不被龐大利益蠱惑；第二章的NBA球星瑞克・貝瑞如何在大群球迷批判的眼光下堅持用「蹲馬桶」的姿勢投罰球；再想想第四章提到的伊格納茲・塞麥爾維斯醫生如何苦口婆心地向同僚宣導「洗手能救命」的概念。

請帶著孩子認識不同類型的勇氣，並教他們描述自己勇敢的行為。你可以舉一些例子，跟孩子聊聊他們表現得很勇敢的時刻、你表現得很勇敢的時刻、以及其他人表現得很懦弱的時刻。不過，跟你的孩子聊他人的懦弱時刻不是為了嘲笑別人，你應該要讓孩子思考如果他們身處別人表現懦弱的情況，他們會有什麼想法、感受、和行動。我們不希望孩子「被逼著勇敢」或者是「為了被喜歡才表現勇敢」，所以要讓孩子知道大人也並非總是勇敢，你有勇敢的時候，但也有怯懦的時候，以及難以說清是勇敢還是怯懦的時候。

此外，若要讓孩子真正瞭解勇敢，就不能不談恐懼。真正的勇敢不是天不怕地不怕，而是即使感到害怕還是願意採取行動[30]。我們可以用以下等式來定義勇氣：**勇氣＝採取行動的意願＋恐懼**

這個等式告訴我們，有兩種方式可以讓我們變得勇敢[31]。第一，在實踐理想的路上我們都會害怕自己無法克服阻礙，我們應該正視並努力減輕這份恐懼。有調查發現，曾有一千三百一十二名聯邦公務員在自己的職場「發現一項以上不法或浪費公帑行為的直接證據」之後，卻不敢站出來成為吹哨者，最大原因就是害怕遭到報復[32]；孩子被霸凌後不敢跟父母師長求助的最主要原因也是怕被報復[33]。

我們在第六章談過建立強大心理素質的各種方法，其中的關鍵便是——瞭解自己的感受。試著把你的感受和你的應對方式區隔開來，想想心中的負面情緒有何作用，你的恐懼到底想告訴你什麼？

除了減輕恐懼，第二個方法是：在面對恐懼時，設法增加動力（採取行動的意願），鼓舞自己往目標邁進。第六章提到，我們必須想清楚是什麼原因（什麼人或什麼事），使得我們的目標重要到甚至願意犧牲健康、名譽和金錢。獲得勇氣的過程並不像打電動，不是練個幾小時就能解鎖某個關卡然後獲得等級多少的勇氣。你是否能成為勇敢的人，要看你長期以來做了哪些選擇；你的勇氣，就是這一連串選擇的積累[34]。因此，請告訴孩子，他們應該期待可以做選擇的機會，應該好好體驗做選擇的時刻。未來他們會有很多機會測試自己是否不怕痛不怕死、是否有道德勇氣和毅力、是否能誠實做自己。請鼓勵孩子不僅要接受挑戰，還要主動尋找挑戰；告訴孩子每當他們選擇勇敢，都有資格感到自豪。勇敢並非與生俱來，而是一連串的後天選擇——這個觀念能幫助孩子更願意為理想採取行動。

請教導孩子把自己當成「平常隱身在人群中的英雄」35：看到陌生人受欺負會挺身而出，在朋友悲傷痛苦時會在旁協助。我們太常看到善良的人因為「旁觀者效應」而放棄挺身而出——遇事時只要有別人在場，大家通常會認為「別人應該會幫忙吧」，覺得自己無須插手。不過心理學家發現有五個因素能讓人更願意採取行動36：經常關注問題、認為某個情況十分緊急、責任感特別強、認為自己擁有派得上用場的能力、經過理性判斷後決定幫忙（並非下意識或衝動決定）。可以跟孩子一起探討這五個因素以及它們的重要性，一起讚嘆那些面對困難仍挺身而出做出正確抉擇的少數英雄。

「勇氣訓練」跟很多其他課程不同，你必須仔細考慮孩子的特質，包括他們的性情、個性、過去經歷、身處的環境，然後根據這些特質為孩子量身訂製一套勇氣培訓的課程，教孩子如何看待恐懼。切記，孩子所擁有的資源以及年齡閱歷所帶來的限制，都跟大人不同，所以不要對他們害怕或擔心的事情嗤之以鼻，也不要把大人的世界觀加諸在他們身上，你應該站在孩子的角度理解他們的恐懼，提供減輕恐懼的建議，並且幫他們把「克服恐懼」的過程拆分成較小、較簡單的步驟37，讓孩子能輕鬆做到。如果孩子心中充滿恐懼，請給予充分的耐心，慢慢引導他們，每當你發現一點點孩子展現勇氣的跡象就要給予獎勵。訓練孩子勇敢是一場大工程，但你還是要讓孩子知道他們可以用不同的方式看待恐懼，並且逐漸在各方面都能證明自己是個勇敢的人。

今天你想改變什麼？

不久之前我自願到女兒的課堂上當她老師的助教。那天一切如常，學校鐘聲響起，如操練士兵一般精準地在固定時間提醒孩子上、下課；教室內的授課也一如既往，上一節課教基本字母、下一節課教基本的加減法。後來有一節課的時候我突然玩心大起，打算給孩子們上特別的一課，於是我在黑板上寫了一個等式：1+1+1=4。寫完後我問班上學生：「要怎麼做才能讓這個等式成立？」

一開始全班沒人說話，過一會才有個小女生舉手。我沒有請她解釋，我直接把粉筆遞給她。她走到教室前方，然後在黑板上畫線，一邊畫還一邊數數。

就在我這個冒牌老師跟其他所有同學還在思考她的答案時，她把粉筆還我，然後走回座位。馬上就有幾個孩子點頭說「有道理耶！」「真的是這樣耶！」然後反應慢半拍的我也看出她答案的巧妙之處，很顯然1+1+1的總和是3，但三條直線也可以形成數字4！這真是太酷了！其實這個答案不只酷，還很大膽！對一個小女生來說，光是要回答這個刁難人的問題應該就需要很大的勇氣了，但她不只回答了問題，還冒著被嘲笑的風險給出一個大多數人都想不到的答案。雖然她寫這個答案的時候也許沒有像成人一樣權衡風險得失，但她

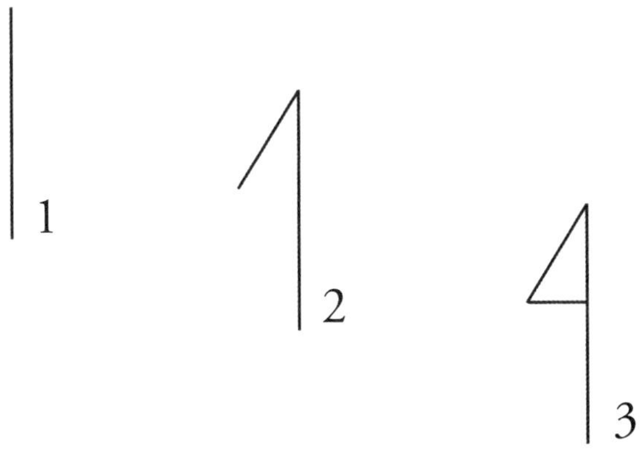

的思路的確與眾人不同，也脫離了父母師長設下的常規，原本班上所有的孩子都以為正確的答案是：「老師，不可能等於4！」

這次經驗告訴我們，即使只有一個反抗者，都有可能解放群體成員原本被社會壓力束縛住的思想和行動；一次義無反顧的簡單行動就有可能打破權力平衡。面對反抗者的挑戰，多數人必須再次證明主流認知的價值，不能再拿「我們一直以來都是這麼做的」這種說詞來唬攏人。當既有的規則和思想難以解決當前的問題，一次義無反顧的簡單行動就有可能讓人看到新的可能性。

> **重點思維**
>
> 也許培育反抗者最有效的方法也是最簡單的方法：你我都必須以身作則，我們自己要先變得更「叛逆」，也要更加支持他人的不服從精神。

就以我這次當助教的經驗來說，剛剛那名小女生提出非常有創意的答案後，其他孩子也突然很想分享自己腦袋裡冒出的「離經叛道」的答案。於是好多隻小手舉了起來，每個孩子都針對這個不可能成立的等式提供了新的解釋。一瞬間，主流思維帶來的壓力就這麼消失了，大家滿腦子想的都是新奇好玩的答案，在此過程中，新的想法不斷形成，而且大家都非常渴望分享自己的看法——一個不被主流認知束縛的反抗者小團體就這麼誕生了。

我在課堂上發起這個活動是因為我想讓孩子有機會體驗「跳脫主流思維」的感覺，讓他們知道自己可以盡量嘗試新想法，並且把想法大聲說出來。如果人類想要永續生存，我們教育出來的下一代必須比我們更有能力擺脫主流認知的束縛。如果我們能培育更多理想型反抗者，人類的未來就會由一群勇敢的男女來承擔，他們不只見解獨到，也敢於提出想法並按自己的信念來行動。我們不該懲罰反抗者或試圖扼殺不服從的精神，如此一來我們的孩子才能漸漸把心中那股叛逆勁兒變成他們的超能力並釋放出來，這也是下一代成功的關鍵。我們的後代才能勇敢地質疑、挑戰、摧毀不合時宜的既有認知，並且用更好的思想或作法取代之。

恭喜你讀完這本書，這代表你已經獲得有科學研究證實的各種技巧和策略，來助你說服他人支持你的反抗使命，讓你自己和所屬的群體更加歡迎不服從的精神。請善加利用本書提供的各種方法，盡力培養你的不服從精神。就算你習慣安於現狀，就算你曾經很排斥那些叛逆的異類，現在做出改變也不遲。這世上仍有太多無謂的痛苦、太多不公不義、太多不平等的現象、太多沒效率的體制、以及太多冥頑不靈的人，但你可以決定要不要盡一份心力改變世界。最後，請問自己一個簡單的問題：我今天打算改變什麼呢？我們做的決定，孩子都看在眼裡。因此，請為孩子們做出改變吧！

不服從成功要訣

1. **培養孩子的自主性**。要培育出理想型反抗者，我們必須相信孩子有能力帶來改變。當他們跟你分享過去的學習經驗或未來的計劃，請認真聆聽並給予回應；當他們對於探索未知事物感到擔憂，請讓他們瞭解嘗試新事物和努力克服挑戰的時候會感到焦慮是很正常的。請協助你的孩子學習調節情緒

2. **培養孩子的批判性思考能力**。要成為理想型反抗者，必須看一個人是否有能力過濾手邊的各種資訊，分得清楚資訊的價值，並且能說服他人接受優質的資

訊。孩子不能害怕問問題，他們必須懂得分辨資訊的好壞。孩子必須養成「不妄下結論」的習慣，面對各種信息時不要急躁，應該靜下心來以批判性思維檢視眼前的資訊。

3. **請帶著孩子認識不同類型的勇氣，並教他們描述自己勇敢的行為**。你應該教導孩子把自己當成蟄伏在人群中的英雄——看到陌生人受欺負會路見不平、拔刀相助，在朋友悲傷痛苦時不離不棄、鼎力支持。

後記

使「不服從精神」成為我們的基因

我希望這本書能夠讓我們學習到一種最迫切的知識——如何借助不服從精神，釋放促進社會進步的動力。如果你能根據這本書提供的「不服從成功要訣」按部就班練習，你會成為更堅強、更有智慧的反抗者，也能成為心胸更開闊、更樂於支持不同聲音的人。如果我們之中有數百萬人能照著這些要訣練習，我們就能建立一個更安全、更繁榮、更有活力而且更和諧的社會。

首先，請先翻回本書的第一部分開始複習。正如我們所見，有些新奇的想法其實有助於群體的長期發展，但反抗者常為了提倡這些想法付出巨大代價，而且他們提倡新想法並對抗主流的行為短期內也會破壞群體的穩定。有創意的想法會激起各種情緒，有人欣賞也有人嫌棄。如果你想要引領眾人走向更美好的世界，這段任重而道遠的旅程一定會充斥著各種負面情緒和想法，因此在你開始改變世界之前，請先花點時間用心感受對抗現況的反抗者們每天都會遭遇的困境。

接著，當你開始練習運用本書第二和第三部分提到的技巧，請記得要多點耐心。如果你希望盡可能讓更多人接受新想法，所以不要急躁。想當個成功的反抗者，你總得花些時間培養新能力和新習慣，就跟運動或節食一樣，剛開始都是最難熬的，但你如果想要有所收穫，你就必須勤奮不懈。請養成習慣正視讓自己不愉快的想法、心情、和身體反應；切記書中提供的方法能夠幫助你成為更好的自己，但是你必須認真練習個六到八週才會看到效果1。

還有，當你努力成為優秀反抗者的同時，記得照顧好自己。質疑現狀、挑戰正統這件事，會為你的身、心、靈帶來極艱鉅的考驗，如果你沒有好好照顧自己，你就無法奮戰到成功的那一天。請務必實踐一些最基本的養生之道：睡眠充足、適度運動、還有找些方法紓解壓力。此外也請想想你認識的人之中哪些人好比負能量發電廠，你可以嘗試不跟這樣的人來往，或者至少盡量減少接觸的機會。此外，請善用「心理彈性四大問」章節中提到的技巧來應對讓你心很累的情況。

但有一點非常重要：莫忘初衷。如果你歷經長期抗戰後有幸成為勝利的一方，你有可能會開始貶低和排斥過去沒能跟你站在同一邊支持你的人。你必須抗拒想要以牙還牙的衝動，你必須繼續守護你身為反抗者時堅持奉行的理念；你接下來還是要繼續歡迎各種質疑和批評，無論質疑和批評源自於何人；請向你過去的敵人遞出橄欖枝並告訴所有人：不同的意見和反對的聲音永遠都值得被重視。

如果你並非反抗者而只是一位觀眾，你也不太確定眼前反抗者所提倡的想法是否有重大價值，那麼請記得善用兩種相輔相成的美德——謙卑和求知若渴。你必須先認清自己所知有限，未來一旦發現新知，你就要隨時準備更新你原有的認知。謙卑和求知欲最美好的地方在於這兩種美德能讓你一直處於從容自在的狀態，因為你不再需要急著捍衛自己的觀點或急著證明自己才是對的、是最聰明的、是最受歡迎的。如果你能欣然接受改變的可能性，你不只會過得更開心，同時也可能藉由更新更好的想法來改善你的生活。

在群體內部，除了要時刻注意成員之間的關係是否出現裂痕，還要注意大家的互動是否過度和諧，和諧到每個人都覺得必須遵守群體內的主流認知、必須跟他人立場一致、配合度要高、還要戴著微笑的面具。除非你能改變群體內部文化，允許各種不同的聲音自由迴響，否則你不可能看到不一樣的思維或是聽到獨特的觀點。如果有任何方法能夠讓群體成員比較不容易盲從說話最大聲的人、最受歡迎的人、最愛講話的人、或是最有名的人，你都應該支持這樣的作法——超棒的想法可以來自任何人、任何角落。

生而為人，不服從的精神對我們來說非常重要，我們天生的個體差異使得人人皆有機會出現不服從的行為。我們所有人都有獨特的基因組、生活經歷、和人格特質；每個人的興趣、志向以及人際關係加乘起來的結果都是獨一無二的，世界上找不出第二個跟你一模一樣的人。你在使用這本書的時候，要記得最能造福世界的不是你和他人的共通點，而是你和他人的差異。請努力善用你獨有的特質，同時也幫助別人善用他們的特質。請你大膽地、勇敢地發揮同理心利己利人，無論你最後成功與否，這都是唯一讓你充分發揮潛能的方式。

註釋

【編輯部說明】

本書作者是嚴謹的學者，各篇章內容均有詳細的註釋，總數近四百則。若全數以紙本印出，將使本書另增超過六十頁，也會導致本書訂價大幅增加。為了降低消費者負擔，同時兼顧環境保護的需求，我們將原文註釋製作成PDF檔案，免費公開供查閱，有興趣的讀者也可將註釋當成進一步研究的起點。

無論您有無購買此書，均可來訊息索取註釋檔案。請至臉書「閱讀再進化」粉絲專頁留言索取並註明電郵地址，我們當即寄奉《不服從的藝術》一書原文註釋。

國家圖書館出版品預行編目資料

不服從的藝術：有效的心理策略使你順利反抗主流，提出優質異議，與眾不同/陶德.凱希丹(Todd B. Kashdan)作；陳佳瑜譯. -- 初版. -- 臺北市：遠流出版事業股份有限公司, 2022.10
面；　公分
譯自：The art of insubordination : how to dissent and defy effectively
ISBN 978-957-32-9705-5(平裝)

1.CST: 社會心理學 2.CST: 創造性思考 3.CST: 說服

541.7　　111012239

■不服從的藝術：有效的心理策略使你順利反抗主流，提出優質異議，與眾不同 ■ The Art of Insubordination : How to Dissent and Defy Effectively ■作者 / 陶德 凱希丹博士 Todd B. Kashdan, PhD ■譯者 / 陳佳瑜■行銷企畫 / 劉妍伶■執行編輯　陳希林■封面設計 / 周家瑤■內文構成 /6 宅貓■發行人 / 王榮文■出版發行 / 遠流出版事業股份有限公司■地址 /104005 臺北市中山區中山北路一段 11 號 13 樓■客服電話　02-2571-0297 ■傳真 /02-2571-0197 ■郵撥 /0189456-1 ■著作權顧問 / 蕭雄淋律師■ 2022 年 10 月 01 日■初版一刷■定價 / 平裝新台幣 380 元（如有缺頁或破損，請寄回更換）■有著作權 ・ 侵害必究 /Printed in Taiwan ■ ISBN：978-957-32-9705-5 ■ http://www.ylib.com ■ E-mail: ylib@ylib.com
THE ART OF INSUBORDINATION HOW TO DISSENT & DEFY EFFECTIVELY